성령님과 함께, 오직예수

양화진 외국인 선교사 묘원

가장 소중한 것이
"만남"입니다.

성령님과 함께,
오직 예수

이경원 지음

좋은땅

머리말

바울은 "내 주 그리스도 예수를 아는 지식이 가장 고상하기 때문이라"(빌3:8) 고백합니다.

예수 그리스도는 인류와 세계의 역사를 B.C.(Before Christ) 와 A.D.(Anno Domini, in the year of our Lord)로 구분합니다. 석가, 공자, 맹자, 소크라테스, 플라톤, 마호메트 모두가 역사 속에 영향력 있는 사상가요, 종교 철학자들입니다. 그러나 하나님은 아닙니다. 진리는 아닙니다. 구원으로 인도하지 못합니다. 흙으로 돌아간 인간들입니다. 죽음 후에 심판이 있습니다. 천국과 지옥이 있습니다. 영원한 삶이 있습니다. 이것을 가르쳐주기 위해 예수께서 이 땅에 오셔서 십자가에 죽으시고 부활하셨습니다. 나그네 세상, 소중한 인생을 살아가면서 무엇보다도 예수를 믿어야 합니다. 구원받아 하나님의 자녀가 되어야 합니다. 예수를 배워가야 합니다. 인간의 지혜와 힘으로, 학교교육으로, 가정교육으로 되지 않습니다. 오직 성령이 임해야 합니다. 성령이 임해야 예수를 영접합니다. 깨닫게 됩니다. 성령충만 해야 합니다. 교회를 사랑해야 합니다. 성령님과 함께 하는 거듭난, 새로운 인생길이 되어야 합니다. 그리고 하나님의 말씀인 성경을 배워가야 합니다. (딤후 3:15-17) 이것이 참된 인생입니다. (전12:13) 이 책이 조금이나마 예수를 이해하고 알아가고 배워가는 성령의 복된 도구가 되길 소망합니다.

김포, 순복음영산교회에서

이경원 목사

차례

제2장　　　　　　　　　　　　　예수는 말씀입니다

제3장　　　　　　　　　　　　　예수는 성령입니다

제4장 　　　　　예수는 십자가에 죽으셨습니다

1. 죄의 문제

2. 십자가의 고난과 죽음

제5장   예수는 부활하셨습니다

제1장

예수님은 누구신가?

만왕의 왕 만주의 주 · 삼위일체 하나님 · 역사와 인류의 주인

1.

만왕의 왕, 만주의 주

큰 기쁨의 좋은 소식

지치고 힘든 사람들이 있습니다. 서럽게 슬프게 사는 사람들이 있습니다. 큰 기쁨의 좋은 소식이 되는 예수님을 만나야 합니다. 예수님은 슬픈 인생, 지치고 힘든 인생에 평화와 기쁨을 주기 위해 오셨습니다.

예수님은 큰 기쁨의 좋은 소식입니다.

눅2:10-11, "천사가 이르되 무서워하지 말라 보라 내가 온 백성에게 미칠 큰 기쁨의 좋은 소식을 너희에게 전하노라 오늘 다윗의 동네에 너희를 위하여 구주가 나셨으니 곧 그리스도 주시니라"

십자가에 죽으시고 부활하신 예수를 믿으면 큰 기쁨의 좋은 일들이 넘

처납니다. 예수님을 믿고 나서도 여전히 근심걱정으로 힘들게 생활하는 사람들이 있습니다. 오직 십자가를 바라보고 찬송하고 기도하며 성령의 도우심을 받아야 합니다. 그러면 기쁨의 인생으로 치유되고 회복됩니다.

시37:4, "야훼를 기뻐하라, 네 마음의 소원을 이루어주시리라"

만왕의 왕, 만주의 주

가끔 국회와 국회도서관을 방문합니다.

좋은 책들도 읽고 커피를 마시며 생각합니다. 300명의 국회의원들, 그리고 보좌관들, 직원들이 있습니다. 국민과 국가를 생각하며 정책과 법을 만듭니다. 국민의 땀과 수고인 세금으로 월급을 받고 운영합니다 (482조 6천억, 2021년). 또한 대통령을 꿈꾸기도 합니다. 서로 왕이 되고 싶어 합니다. 왕 중의 왕, 참된 왕은 누구일까요?

동방의 박사들은 만왕의 왕이요, 만주의 주되신 아기 예수님께 엎드려 경배합니다.

마2:10-11, "그들이 별을 보고 매우 크게 기뻐하고 기뻐하더라 집에 들어가 아기와 그의 어머니 마리아가 함께 있는 것을 보고 엎드려 아기께 경배하고 보배합을 열어 황금과 유향과 몰약을 예물로 드리니라"

황금과 유향과 몰약을 드립니다. 황금은 왕을 상징합니다. 유향은 향기로운 제사를 드리는 제사장을 의미합니다. 몰약은 사망과 죽음을 이기신 속죄의 주님, 부활의 주님을 말합니다.

예수님은 참된 왕이시오, 대제사장이요, 부활과 승리의 주님이십니다.

계17:14, "어린 양은 만주의 주시오 만왕의 왕이시므로 그들을 이기실 터이요"

가정에서, 직장에서, 학교에서, 군대에서, 교회에서, 종교단체에서, 자신이 왕이 되어 살고 싶어 합니다. 특히 정치인들은, 권력자들은 예수가 왕이 되는 것이 싫습니다. 그래서 헤롯은 어린 아이들을 죽입니다. 마2:16) 우리 안에도 헤롯과 같은 마음이 있습니다. 은근히 군림하고 지배하고 싶습니다. 만왕의 왕이요 만주의 주 되신 예수님은 섬김과 나눔의 왕으로 이 땅에 오셔서 십자가에 죽으십니다.

평화의 왕, 예수

"평화의 기도"

프란치스코 (1181-1226)

주님
저를 당신평화의 도구로 써 주소서
미움이 있는 곳에 사랑을
다툼이 있는 곳에 용서를
분열이 있는 곳에 일치를
의혹이 있는 곳에 신앙을
그릇됨이 있는 곳에 진리를
절망이 있는 곳에 희망을
어둠속에 빛을
슬픔이 있는 곳에
기쁨을 가져오는 자 되게 하소서
위로받기보다는 이해하며
사랑받기보다는 사랑하게 하여 주소서
우리는 줌으로써 받고
용서함으로써 용서받으며

자기를 버리고 죽음으로써

영생을 얻기 때문입니다.

온 우주와 인류역사가운데에 평화의 왕이신 예수그리스도를 모셔 드려야 합니다. 평화의 왕이신 예수님이 내 인생의 주인이 되어야 합니다. 참된 평화는 예수님의 참혹한 십자가의 거룩한 보혈로 이루어집니다. 골1:20, "그의 십자가의 피로 화평을 이루사 만물 곧 땅에 있는 것들이나 하늘에 있는 것들이 그로 말미암아 자기와 화목하게 되기를 기뻐하심이라"

예수님의 자기선언

마태복음은 핵심주제는 왕으로 오신 예수님입니다. 마가복음은 종으로 오신 예수님, 누가복음은 사람으로 오신 예수님(인성), 요한복음은 하나님의 아들로 오신 예수님(신성)을 강조합니다. 특별히 요한복음에는 예수님의 7가지 자기선언이 나옵니다.

"나는 생명의 떡이니"(요6:35), "나는 세상의 빛이니"(요8:12), "나는 양의 문이니"(요10:7), "나는 선한 목자라"(요10:11), "나는 부활이요 생명이니"(요11:25), "내가 곧 길이요 진리요 생명이니"(요14:6), "나는 포도나무요"(요15:1)

예수님은 자신의 정체성을 분명히 알고 고백하며 이 땅을 살아갔습니다. 우리도 그리스도 예수 안에서 자신의 정체성을 깨닫고 의미 있고 보람 있는 삶을 살아가야 합니다.

예수님의 3대 사역

예수님께 이 땅에서 중요한 3가지 사역을 하셨습니다.
마4:23, "예수께서 온 갈릴리에 두루 다니사 그들의 회당에서 가르치시며 천국복음을 전파하시며 백성 중의 모든 병과 모든 약한 것을 고치시니"

첫째, 회당에서 진리의 말씀을 가르치십니다. (Teaching)
둘째, 영원한 하늘나라의 천국복음을 전하십니다. (Preaching)
셋째, 가난하고 연약한 병든 자들을 치유하십니다. (Healing)

소중한 인생길입니다. 각자의 삶의 현장에서 예수님처럼 본질적인 사명과 목적에 충실한 생활이어야 합니다.

구원자 예수

죄에서 자유로운 영혼이 없습니다. 뒤돌아보면 실수와 허물로 수치심, 죄책감으로 부끄럽습니다. 초조, 불안, 염려가 있습니다. 스스로 죄에서 구원받을 수가 없습니다. 어둠과 절망입니다. 예수님은 죄에 눌린 자들을 구원하시기 위해, 참된 자유를 주시기 위해 오셨습니다.

마1:21, "아들을 낳으리니 이름을 예수라 하라 이는 그가 자기 백성을 그들의 죄에서 구원할 자이심이라 하니라"

계7:10, "큰 소리로 외쳐 이르되 구원하심이 보좌에 앉으신 우리 하나님과 어린 양께 있도다"

예수님은 아담과 하와 이후 모든 인류를, 우리를, 죄에서 구원하시기 위해 이 땅에 오셨습니다. 그리고 십자가에 피 흘려 죽으시고 부활하십니다. 영적, 윤리적, 도덕적 죄에서 자유로운 사람은 한 사람도 없습니다. 모두가 죄에서 용서받고 구원을 받아야 불쌍한 죄인들입니다. 구원자 예수를 만나야 합니다. 구원받는 사람이 가장 행복한 사람입니다.

신33:29, "이스라엘이여 너는 행복자로다 야훼의 구원을 너같이 얻은 백성이 누구냐"

거룩하신 예수

원래 '거룩'은 하나님께만 있는 성품입니다.

히브리어 단어 '코데쉬'(거룩)는 '잘라냄, 분리함'을 의미합니다. 추함과 더러움과 분리된 상태를 말합니다. 모든 피조물과 구별되는 중요한 요소입니다. 거룩하신 하나님, 거룩하신 어린 양 예수님이십니다.

레19:2, "너희는 거룩하라 이는 나 야훼 너희 하나님이 거룩함이니라"

사6:3, "거룩하다 거룩하다 거룩하다 만군의 야훼여 그의 영광이 온 땅에 충만하도다"

벧전1:15-16, "오직 너희를 부르신 거룩한 이처럼 너희도 모든 행실에 거룩한 자가 되라 기록되었으되 내가 거룩하니 너희도 거룩할지어다 하셨느니라"

지금은 혼탁한 세상입니다. 부부관계, 남녀관계, 사회문화가 성적인 유혹이 많습니다. 그럼에도 불구하고 자기 자신과 가정, 자녀들, 사회와 국가, 세계의 미래를 생각하며 말씀과 성령 안에서 성결하고 거룩한 삶이 되어야 합니다.

복된 예수

"복된 예수"라는 찬양이 있습니다.

1. 내 사랑하는 그 이름 예수 복된 예수
   내 귀에 음악 같도다 예수 복된 예수
2. 내 맘에 계신 그 이름 예수 복된 예수
   내 눈물 씻어 주시는 예수 복된 예수
3. 저 천국 예비하신 주 예수 복된 예수
   날 구원하신 그 이름 예수 복된 예수

(후렴)
아 귀하다 그의 이름 갈보리 산의 어린 양
귀한 생명 버리셨네 예수 복된 예수

가난한 삶은 싫습니다. 예수님은 복된 예수이십니다. 아픈 마음과 삶을 치유하고 축복합니다. 천국으로 인도합니다. 참된 복은 예수님과 함께 영원히 사는 것입니다.

예수님은 누구신가?

마16:13-16, "예수께서 빌립보 가이사랴 지방에 이르러 제자들에게 물어 이르시되 사람들이 인자를 누구라 하느냐 이르되 더러는 침례 요한, 더러는 엘리야, 어떤 이는 예레미야나 선지자 중의 하나라 하나이다 이르시되 너희는 나를 누구라 하느냐 시몬 베드로가 대답하여 이르되 주는 그리스도시오 살아 계신 하나님의 아들이시니이다"

베드로가 성령 안에서 정확한 답을 말합니다. 그리스도시오, 살아 계신 하나님의 아들입니다. 그리스도는 예수께서 인류의 참된 왕이요, 선지자요, 제사장이심을 의미합니다.

우리의 삶 속에 예수님은 어떤 분이십니까?

찬송가 96장은 고백합니다. 예수님은 누구신가?

1. 예수님은 누구신가 우는 자의 위로와 없는 자의 풍성이며
   천한 자의 높음과 잡힌 자의 놓임 되고 우리 기쁨 되시네

2. 예수님은 누구신가 약한 자의 강함과 눈먼 자의 빛이시며
   병든 자의 고침과 죽은 자의 부활되고 우리 생명 되시네

3. 예수님은 누구신가 추한 자의 정함과 죽을 자의 생명이며
   죄인들의 중보와 멸망자의 구원되고 우리 평화 되시네

4. 예수님은 누구신가 온 교회의 머리와 온 세상의 구주시며
   모든 왕의 왕이요 심판하실 주님되고 우리 영광 되시네

나는 누구인가?

어머니 배 속에서 나, 어린 시절의 나, 학생 시절, 청년 시절의 나, 결혼, 장년 시절의 나, 어른, 노년 시절의 나….

열심히 살아온 나는 누구인가? 당신은 누구십니까?

성경은 이렇게 대답합니다. 원래 인간은 하나님의 형상을 지닌 귀한 존재입니다. (창1:26-27) 아담과 하와의 불순종 이후 죄악과 사망가운데 살게 됩니다. 흙으로 돌아갈 연약하고 티끌 같은 인생입니다. 그러나 십자가에 죽으시고 부활하신 그리스도 예수로 새로운 피조물(고후 5:17)이 됩니다, 다시금 보배롭고 존귀한(사43:4) 하나님의 자녀가(요 1:12) 됩니다. 택한 족속, 왕 같은 제사장, 거룩한 나라, 소유된 백성(벧전2:9)이 됩니다. 건강한 자아상, 정체성을 가지고 살아가는 것은 큰 행복입니다. 나는 누구인가? 당신은 누구입니까? 우리는 하나님의 형상을 닮은 매우 소중한 사람들입니다. 그리스도 예수 안에서 가장 행복한 사람들입니다. 또한 여전히 선하고 악한 삶 가운데서 고민하고 갈등하는 나입니다. (고전15:31)

2.

삼위일체 하나님

삼위일체 하나님

삼위일체 교리는 신비합니다. 하나님과 예수님, 성령님이 각 위격으로 존재하면서 한 분이시다는 것입니다. 역사 속에서 잘못된 교리와 이단이 생기면서 정통 교리를 세워 갑니다.

니케아공의회(325년)에서 예수는 참 하나님이심을 결정합니다. 콘스탄티노플공의회(381년)에서 예수는 참 사람이심을 결정합니다. 에베소회의(431년)는 신성과 인성이 결합되었음을 결정합니다. 그리고 칼케돈회의(451년)는 예수께서 참 하나님이시며 인성과 신성이 두 본성이 한 위격으로 결합되었음을 결의합니다. 성경은 삼위일체 하나님을 가르칩니다.

단수가 아니라 복수를 사용합니다.

창1:26, "하나님이 이르시되 우리의 형상을 따라 우리의 모양대로 우리가 사람을 만들고"

마28:19, "아버지와 아들과 성령의 이름으로 침례를 베풀고"

고후13:13, "주 예수 그리스도의 은혜와 하나님의 사랑과 성령의 교통하심이 너희 무리와 함께 있을지어다"

참고문헌

『삼위일체와 하나님의 나라』 위르겐 몰트만
『조직신학』 루이스 벌코프
『조직신학』 이신건

좋으신 하나님

좋으신 하나님이십니다. 좋은 것을 주시길 원하시는 하나님이십니다. 때때로 하나님 무섭고 두려울 때가 있었습니다. 죄를 지을 때입니다. 그러나 본질적으로 하나님은 정말 좋으신 하나님이십니다. 천지만물을 하늘과 땅, 바다, 해와 달과 별들, 꽃과 나무들, 짐승들, 사람 창조하시고 보시기에 좋았더라 말씀합니다.

창1:31, "하나님이 지으신 그 모든 것을 보시니 보시기에 심히 좋았더라" 뿐만 아니라 좋으신 하나님은 아들 예수의 모습으로 이 땅에 오셨습니다. 그리고 십자가에 죽으시고 부활하십니다. 십자가에 죽기까지 인류를, 인간을 사랑하신 예수님이십니다. 선한 목자이신 예수님입니다. 또한 성령을 보내 주셔서 험한 세상을 넉넉히 이기도록 도와주십니다.

좋으신 하나님 좋으신 하나님 참 좋으신 나의 하나님이십니다.

하나님은 영이십니다!

때때로 하나님이 눈에 보이지 않는데 어디 있느냐? 고 질문하는 사람들이 있습니다. 보이는 것들과 보이지 않는 것들이 세상에는 존재합니다. 보이는 것들이 전부가 아닙니다.

바람이 존재하지만 보이지 않듯이 하나님은 영이시기에 보이지 않습니다. 인류의 역사 속에 보이는 하나님으로 오신 분이 예수그리스도입니다. 그리고 다시금 성령과 성경을 통해 영으로, 마음으로, 삶 속에 보여 주시고 계십니다.

요4:24, "하나님은 영이시니"

시104:30, "주의 영을 보내어 저희들을 창조하사"

벧전4:14, "영광의 영 곧 하나님의 영이 너희 위에 계심이라"

하나님을 인간이 다 이해할 수 없습니다. 우주를, 깊은 바다 속을, 그리고 전 세계를 이해할 수 없습니다. 한국만 이해하기도 힘듭니다. 지역사회를 이해하는 것도 쉽지 않습니다. 개인적인 시간도 부족합니다. 자신의 일과 가족들을 돌보는 것도 바쁩니다. 사람들은 그렇게 늙어갑니다. 그리고 죽음을 맞이합니다. 주 앞에서 겸손해야 합니다.

하나님의 이름들

성경에는 하나님의 이름이 다양하게 불려집니다.

엘로힘(창1:1, 힘과 능력의 하나님), 야훼(창2:4, 구원의 하나님), 엘-엘리온(창14:17, 지극히 높으신 하나님), 엘-로이(창16:12, 살피시는 하나님), 엘 샤다이(창17:1, 전능하신 하나님), 야훼 이레(창22:13-14, 준비하시는 하나님), 야훼 라파(출15:26, 치료자 하나님), 야훼 닛시(출17:15, 우리의 깃발, 승리자 하나님), 야훼 마카데쉠(출31:13, 거룩하신 하나님), 야훼 샬롬(삿6:24, 평화의 하나님), 야훼 로이(시23:1, 목자이신 하나님), 야훼, 차바오트(사6:1-3, 만군의 하나님), 엘-울람(사40:28-31, 영원하신 하나님), 야훼 치드케누(렘23:6, 의로우신 하나님), 야훼 삼마(겔48:25, 여기 계시는 하나님), 아도나이(말1:6, 주되신 하나님)

때와 장소, 상황에 따라 지혜롭게 일하시는 하나님의 모습입니다. 가장 합당한 모습으로 사람들을 도와주시는 하나님이십니다.

참고문헌
『비전성경사전』 하용조
『맥아더 성경주석』 존 맥아더
『말씀과 진리』 이영훈

신학이란?

신학, 법학, 의학은 인류역사와 인간 생활에서 매우 중요한 학문에 속합니다. 물론 과학과 경제학도 중요합니다. 신학은 삶과 죽음의 문제를, 법학은 인간 생활의 질서를, 의학은 사람들의 생명과 건강을 다룹니다. 특별히 신학은 신에 대한 학문입니다. 하나님에 관한 배움입니다.

신학교에 들어가 보니 신학이 간단하지 않습니다. 의외로 다양합니다. 크게 성경신학, 조직신학, 역사신학, 실천신학, 선교신학 등이 있습니다. 성경신학은 모세오경, 역사서, 예언서, 시가서, 복음서, 바울서신, 일반서신을 말합니다.

조직신학은 신론, 구원론, 인간론, 기독론, 종말론, 교회론, 성령론을 가르칩니다.

역사신학은 신구약중간사, 초대교회사, 중세교회사, 종교개혁사, 세계교회사, 한국교회사, 독일교회사, 영국교회사, 미국교회사 등이 있습니다.

실천신학은 기독교윤리, 상담과 치유, 그리스도인의 삶, 기독교 리더십과 세계관이 있습니다.

선교신학은 선교학, 선교와 문화, 국내선교와 국외선교, 선교역사를 다룹니다.

참고문헌
『신학이란 무엇인가?』 알리스터 맥그래스

사도신경

전능하사 천지를 만드신 하나님 아버지를 내가 믿사오며 그 외아들 우리 주 예수 그리스도를 믿사오니 이는 성령으로 잉태하사 동정녀 마리아에게 나시고 본디오 빌라도에게 고난을 받으사 십자가에 죽으시고 장사한 지 사흘 만에 죽은 자 가운데서 다시 살아나시며 하늘에 오르사 전능하신 하나님 우편에 앉아 계시다가 저리로서 산 자와 죽은 자를 심판하러 오시리라 성령을 믿사오며 거룩한 공회와 성도가 서로 교통하는 것과 죄를 사하여 주시는 것과 몸이 다시 사는 것과 영원히 사는 것을 믿사옵나이다. 아멘.

매우 중요한 신앙고백입니다. 역사가 오래됐습니다. 니케아회의 (A.D. 325)에서 최초로 공식 확정됩니다. 콘스탄티노플회의(381), 에베소회의(431), 칼케돈 회의(451)를 지나며 오늘날 형태로 확정됩니다. 이단들에게 대항하여 정통기독교를 신앙을 정립하고 보호하기 위해서입니다.

주님과의 관계입니다!

호주와 뉴질랜드에 27개 지교회와 8개 지성전을 설립하며 하나님 나라에 큰 비전과 뜻을 이루신 시드니순복음교회 정우성 목사님이 계십니다. 천국가시기 전 병상에서 짧은 감동적인 만남이 있었습니다. 예수님을 한번 만나 보길 사모했는데 예루살렘성회에서 환상 가운데 만나 뵈었다고 합니다. 예수님은 친히 이스라엘만이 아니라 세계 어디에나 함께 있다고 가르쳐 주었다고 합니다. 시간의 십일조를 드리라는 주의 말씀을 듣고 30년 넘게 매달 1, 2, 3일 금식기도를 하셨습니다. 목회하시면서 가장 중요한 것이 무엇이라고 생각합니까? 질문을 했습니다. "주님과 관계지요!"라고 대답하셨습니다.

예수님과의 관계가 세상에서 가장 중요합니다. 저는 요한복음15장5절 말씀을 참 좋아합니다.

요15:5, "나는 포도나무요 너희는 가지라 그가 내 안에 내가 그 안에 거하면 사람이 열매를 많이 맺나니 나를 떠나서는 너희가 아무 것도 할 수 없음이라"

함께 주일예배 때에 이렇게 고백합니다.

"예수님은 포도나무, 나는 가지! 예수님은 포도나무, 우리는 가지!"

예수가 하나님입니까?

예수는 하…나…님…입니까?

예수는 하…나…님…이다!

왜 하나님입니까? 성경에 써 있으니까!

방황하던 젊은 시절 노(老)교수님께 질문했던 내용에 대한 답변입니다. 성경을 하나님의 말씀으로 신뢰해야 한다는 것을 깨닫게 되었습니다. 결국 예수를 의심했고 성경을 의심했던 것입니다. 의심이 꼭 나쁜 것만은 아닙니다. 제대로 잘 믿기 위한 질문일 수도 있습니다. 그러나 계속적인 의심은 잘못된 것입니다. 부모님이 나의 진짜 부모님일까? 의심하는 자녀가 있다면 부모의 마음이 어떻겠습니까? 성경은 예수의 하나님 되심을 말합니다.

요한1서5:20, "그는 참 하나님이시오 영생이시라"

빌립보서2:5, "그는 근본 하나님의 본체시나"

성실교회를 바라보며

아파트에서 가현산 아래에 있는 성실교회가 보입니다. 새벽기도회에 나올 때 교회의 십자가 불빛이 참 아름답습니다. 고마워서 감사와 축복의 기도를 드립니다. 그리스도 예수 안에서 성실한 교회, 성실한 교우들, 성실한 신앙생활을 생각해 봅니다. 성실한 가정, 성실한 직장생활, 성실한 학교생활, 성실한 국민들이 존중받고 높임 받는 세상을 소망해 봅니다.

원래 교회는 부름 받은 예수의 사람들의 모임입니다. 믿음의 사람들, 소망의 사람들, 사랑의 사람들의 공동체입니다. 그러나 건물로서 교회도 중요합니다. 지역사회에 학교건물, 병원건물, 시청건물, 법원건물, 국회건물, 지역도서관, 지역경찰서, 주민행정센터가 있듯이 교회의 건물도 중요한 장소입니다. 교회는 예수님의 몸입니다(엡1:23). 만민이 기도하는 집입니다(막11:17,사56:7). 진리의 기둥과 터입니다(딤전3:15). 주님의 마음과 눈이 머무는 곳입니다(대하7:16). 구원의 우물들입니다(사12:3). 벧엘입니다(창28:19). 은혜의 보좌입니다(히4:16). 끊을 수 없는 십자가 사랑이 함께 하는 곳입니다(롬8:38-39).

참고문헌

『성경적인 교회를 소망합니다!』 존 스토트
『성령과 교회』 이영훈

예배를 드려야 합니다!

강남비전교회(담임목사 한재욱)의 홈페이지를 보고 목사님께서 무척 예배를 소중히 여기심을 알았습니다. 출애굽기 29장 42절을 기록해 놓으셨습니다.

출29:42, "이는 너희가 대대로 야훼 앞 회막 문에서 늘 들릴 번제라 내가 거기서 너희와 만나고 네게 말하리라"

예배를 통해 하나님을 "만나고" 주의 말씀을 "듣는다"는 것입니다. 예배, 교육, 선교, 친교, 봉사는 전통적으로 교회의 중요한 5가지 사역입니다. 특히 예배는 교회에서 매우 중요한 일입니다. 성령 안에서 예배를 드려야 합니다. 이스라엘 사람들은 번제, 소제, 화목제, 속죄제, 속건제의 5대 제사를 정성스럽게 드립니다. (레1-7장) 예배는 택하신 장소에서(신16:2,5,11,15,16) 참되게 영과 진리로(요4:23-24), 아벨의 예배가(창4:4-5) 되어야 합니다. 왜 예배를 드립니까? 하나님의 영광을 위해서입니다. 자신과 가족, 이웃의 행복한 삶을 위해서입니다. 함께 하나님의 뜻을 이루어 가기 위해서입니다.

추천도서
『예배의 감격에 빠져라』 김남준
『인문학을 하나님께』 한재욱

3.

역사와 인류의 주인

B.C.와 A.D.

세계역사와 한국역사를 연구하고 공부할 때 B.C.와 A.D.를 기준으로 합니다. B.C.는 Before Christ(예수탄생 전)를 의미합니다. A.D.는 라틴어 Anno Domini(in the year of our Lord, 하나님의 해, 예수탄생 후)를 뜻합니다.

예수 그리스도를 중심으로 인류와 세계의 역사를 구분하고 설명합니다. 매우 놀랍습니다.

그래서 예수그리스도를 안다는 것은 인류역사와 세계역사를 새롭게 배우는 것입니다.

최초의 인간, "아담과 하와"

어릴 적에 에덴동산의 아담과 하와이야기를 들었습니다. 그때는 동화 속의 지어 낸 이야기인 줄 알았습니다. 그런데 어른이 되어 가만히 지난 시간들을 생각해 봅니다. 모두가 소풍 같은 이 땅의 삶을 살다가 죽음을 맞이합니다. 어떤 사람들은 밝고 빛나는 천국으로, 어떤 사람들은 어둠과 절망의 불타는 지옥으로 갑니다. 꼭 동화 같은 인생을 살다가 떠난 것입니다. 어린이 동화 속의 주인공 같은 최초의 인간, 아담과 하와는 인류역사 속에 일어난 실제 이야기입니다. 창세기 1장과 2장에 나옵니다. (창1:26-27, 창2:7,21-23)

창세기5:1 "이것은 아담의 계보를 적은 책이니라"

누가복음3:38, "그 위는 에노스요 그 위는 셋이요 그 위는 아담이요 그 위는 하나님이시니라"

인류는 한 혈통입니다

원래 인류는 아담과 하와 후손으로 한 가족입니다. 성경은 말씀합니다. 행17:26-27, "인류의 모든 족속을 한 혈통으로 만드사 온 땅에 살게 하시고 그들의 연대를 정하시며 거주의 경계를 한정하셨으니"
'인류를 한 혈통으로' 만들어 지구상에 살게 했습니다. 언어도 말도 하나였습니다. (창11:1) 그러나 오랜 시간이 흐르고 바벨탑사건으로(창11:9) 언어는 달라지고 '각 민족의 경계'를 정하여 살게 됩니다. 현재 UN에 193개국이 가입해 있습니다. 아시아(43개국), 유럽(47개국), 아프리카(54개국), 북중미와 카브리연안(23개국), 남미(12개국), 오세아니아(14개국)입니다. 세계은행에 등록된 나라는 229개국, 세계지도에 등록된 국가는 237개입니다. 지구상의 모든 국가를 친히 다스리시는 위대하신 하나님이십니다. 각 나라마다 애국심은 좋지만 민족주의, 국수주의를 주의해야 합니다. 모두가 하나님의 형상을 입은 소중한 자녀들임을 기억하고 서로 존중하고 함께 하는 세계인들이 되었으면 좋겠습니다.

각 민족들의 사상과 철학

시33:10-12 "야훼께서 나라들의 계획을 폐하시며 민족들의 사상을 무효하게 하시도다 야훼의 계획은 영원히 서고 그의 생각은 대대에 이르리로다 야훼를 자기 하나님으로 삼은 나라 곧 하나님의 기업으로 선택된 백성은 복이 있도다"

각 나라마다 계획들, 민족의 사상들이 있습니다. 역사와 문화가 있습니다. 선한 계획, 악한 계획들이 있습니다. 하나님 보시기에 좋은 사상들, 또는 나쁜 사상들이 있습니다. 민주주의, 사회주의, 자본주의, 공산주의 다양한 사상과 철학이 존재합니다. 각 분야의 학자들, 정치지도자들을 통해 만들어집니다. 좋은 계획과 사상은 존중하지만 하나님 보시기에 악한 사상과 철학, 계획을 역사의 주관자이신 하나님께서 아시고 친히 폐하시고 멸하십니다. 그리고 하나님의 뜻만이 영원합니다.

역사란 무엇인가?

『역사란 무엇인가?』(에드워드 카아)에서 역사란 과거와 현재의 대화, 과거 사실과 현재의 역사가의 대화라고 말합니다. 역사를 다 알 수 없습니다. 신비로운 부분들이 많습니다. 2,000년 전 이스라엘에서 예수께서 활동하시던 때 한국은 삼국시대였습니다. 500-600년 전 조선시대도 까마득한데 2,000년 전 삼국시대를 이해한다는 것도 어렵습니다. 더군다나 아시아, 아프리카, 중동, 유럽, 아메리카 등…. 세계역사를 자세히 다 알 수 없습니다. 특히 미국이라는 나라는 400년 전에 (1642) 지구상에 세워집니다. 한국과 중국의 역사보다 짧습니다. 그런데 세계의 가장 영향력이 있는 국가로 쓰임을 받고 있습니다. 놀랍습니다. 지금은 과학기술의 발달로(컴퓨터, AI, 핸드폰, 비행기….) 전 세계가 하나가 되어 가는 시대입니다. 그런데 역사 속에서 사람들이 먹고 자고 죽는 것은 예전이나 지금이나 똑같습니다.

야훼는 나의 목자시니

종종 시편23편을 묵상합니다. 마음에 평화를 줍니다.

"야훼는 나의 목자시니 내게 부족함이 없으리로다"(시23:1)

수많은 사람들이 내가 주인이 되어 열심히 살아갑니다. 다윗은 예수님이 주인이 되어 인생을 살아간 참 행복한 사람입니다. 진실로 예수님이 목자가 되면 다 풀려지게 됩니다.

특히 3절은 새로운 깨달음을 줍니다.

"내 영혼을 소생시키시고 자기 이름을 위하여 의의 길로 인도하시는도다"

아프고 지치고 힘든, 병든 내 영혼을 치료하고 회복하십니다. 그리고 내 이름이 아니라 예수그리스도의 이름을 위해 의롭고 복된 길로, 영원한 생명길로 인도합니다. 내가 주인이 되어, 스스로 인생의 목자가 되어, 내 이름을 위해, 내 영광을 위해 살 때가 참 많습니다.

다윗의 고백이 나의 고백, 너의 고백, 우리의 고백이 되었으면 좋겠습니다.

바벨론 강가에서

시137:1, "우리가 바벨론의 여러 강변 거기에 앉아서 시온을 기억하며 울었도다"

2,600년 전 이스라엘의 바벨론 포로시대 시대가 있습니다. 이스라엘은 B.C. 605, B.C. 597, B.C. 586년경 세 차례 바벨론에 끌려갑니다. 그리고 바벨론에서 70년간 포로생활을 합니다.

참 슬픈 역사입니다. 바벨론 강변에서 고향과 고국, 예루살렘을 바라보며 눈물을 흘립니다. 대한민국도 약 35년의 일제강점기, 식민시대를 겪었습니다. (1910. 8. 29.-1945. 8. 15.) 언어를 잃어버립니다. 부모와 고향과 청춘과 재산을 잃습니다. 고통스러운 역사입니다. 말없이 눈물로 현해탄을 바라보며 고향과 고국을 그리워하다 청춘과 순결을 빼앗기고 죽어간 소녀들, 청년들이 있습니다. 제2차 세계대전(1939-1945)에서 나치를 통해 600만 명의 죽음을 경험한 유태인들은 말합니다. "용서는 하되 잊지는 말자!"

평화통일을 소망하며

통일을 염원하며
그 누군들 통일을 원치 않으리요
한 맺힌 민족의 슬픔이거늘
그 이름 달랠 길 없기에
오늘도 통일을 외쳐 보노라
영광된 통일의 그 날을 위해
우리 모두 남과 북이 한 마음
한 뜻 하나가 되어야 하나니

조순근 짓고 장운성 쓰다
1973. 4. 3. 신풍회

인천 자유공원의 돌비에 새겨진 글입니다. 한국전쟁72년(1950. 6. 25)
이 지난 지금도 여전히 북한은 ICBM(대륙간탄도미사일), SRBM(단거
리 탄도미사일) 등 핵무기로 한반도와 세계평화를 위협합니다. 북한
의 수십만의 정치엘리트들은 결코 자유평화통일을 원하지 않습니다.
권력을 내려놓기가 쉽지 않습니다. 국내외 정치인들, 주변기득권자들
도 마찬가지입니다. 그럼에도 불구하고 복음통일, 평화통일을 위해 깨
어 기도하고 함께 노력해야 합니다.

겔37:15-17, "야훼의 말씀이 또 내게 임하여 이르시되 인자야 너는 막대기 하나를 가져다가 그 위에 유다와 그 짝 이스라엘 자손이라 쓰고 또 다른 막대기 하나를 가지고 그 위에 에브라임의 막대기 곧 요셉과 그 짝 이스라엘 온 족속이라 쓰고 그 막대기들을 서로 합하여 하나가 되게 하라 네 손에서 둘이 하나가 되리라"

추천도서

『나라와 교회를 생각한다』 홍정길·최종상

한걸음 한걸음씩

젊은 20살, 대학 1학년 때입니다. 양웅주 교수님이 칠판에 "Schritweise!"라는 독일어를 쓰셨습니다. 그리고 말씀하셨습니다. 지난 세월을 돌아보니 혼자 사는 세상이 아니다. 역사와 사람들, 지역사회와 국가, 세계와 자연과 함께 "한걸음 한걸음" 더불어 살아야 한다는 가르침이었습니다. 지금은 하늘나라에 가셨습니다. 하지만 그때부터 "Schritweise!"는 저의 인생의 철학이 되었습니다. 빨리 빨리 문화가 있는 한국입니다. 물론 빨리 빨리 급하게 할 일들이 있습니다. 그러나 일상의 생활이 한걸음 한걸음씩 서로가 함께 마음의 평화와 여유가 있는 삶이었으면 좋겠습니다. 찬송 430장도 찬양합니다.

"주와 같이 길가는 것 즐거운 일 아닌가 우리 주님 걸어 가신 발자취를 밟겠네 한걸음 한걸음 주 예수와 함께 날마다 날마다 우리는 걷겠네"

한걸음 한걸음씩 함께 살아가는 성실하고 아름다운 인생이었으면 좋겠습니다.

893

62 는 주의 의로운 규례들로 말미암아 밤중에
내가 주께 감사하리이다
63 나는 주를 경외하는 모든 자들과 주의 법도
들을 지키는 자들의 친구라
64 여호와여 주의 인자하심이 땅에 충만하였사오
니 주의 율례들로 나를 가르치소서
65 ○여호와여 주의 말씀대로 주의 종을 선대하
셨나이다
66 내가 주의 계명들을 믿었사오니 좋은 명철
과 지식을 내게 가르치소서
67 고난 당하기 전에는 내가 그릇 행하였더니
이제는 주의 말씀을 지키나이다
68 주는 선하사 선을 행하시오니 주의 율례로
나를 가르치소서
69 교만한 자들이 거짓을 지어 나를 치려 하였
사오나 나는 전심으로 주의 법도들을 지키
리이다
70 그들의 마음은 살져서 기름덩이 같으나 나
는 주의 법을 즐거워하나이다
71 고난 당한 것이 내게 유익이라 이로 말미암
아 내가 주의 율례들을 배우게 되었나이다
72 주의 입의 법이 내게는 천천 금은보다 좋으
니이다
73 ○주의 손이 나를 만들고 세우셨사오니 내
가 깨달아 주의 계명들을 배우게 하소서
74 주를 경외하는 자들이 나를 보고 기뻐하는
것은 내가 주의 말씀을 바라는 까닭이니이다
75 여호와여 내가 알거니와 주의 심판은 의로우
시고 주께서 나를 괴롭게 하심은 성실하심
때문이니이다
76 구하오니 주의 종에게 하신 말씀대로 주의
인자하심이 나의 위안이 되게 하시며
77 주의 긍휼히 여기심이 내게 임하사 내가 살
게 하소서 주의 법은 나의 즐거움이니이다
78 교만한 자들이 거짓으로 나를 엎드러뜨렸으
니 그들이 수치를 당하게 하소서 나는 주의
법도들을 작은 소리로 읊조리리이다

119:71 고난당한 것이 내게 유익이라 고난은 성도로
하여금 하나님의 뜻을 올바로 깨닫고, 하나님의 말
씀을 준행하도록 만든다(67, 71절). 예수님도 고난
을 통해 순종함을 배워 온전케 되셨다(히 5:8,9). 또한
고난은 인내를, 인내는 연단을, 연단은 결국 성도에게
이루게 한다(롬 5:3,4). 이와 같이 고난이 성도에게
유익을 주는 까닭은 하나님의 성실하심으로 말미암
은 것이기 때문이다(75절).
119:73 주의 손이 나를 만들고 세우셨사오니 인간
의 창조 기원이 하나님이심을 고백한 구절이다. 즉,

79 주를 경외하는 자들이 내게 돌아오게 하소
서 그리하시면 그들이 주의 증거들을 알리
이다
80 내 마음으로 주의 율례에 완전하게 하사
내가 수치를 당하지 아니하게 하소서
81 ○나의 영혼이 주의 구원을 사모하기에 피
곤하오나 나는 주의 말씀을 바라나이다
82 나의 말이 내가 주의 말씀을 바라기에 피
곤하니이다
83 내가 연기 속의 가죽 부대 같이 되었으나
주의 율례들을 잊지 아니하나이다
84 주의 종의 날이 얼마나 되나이까 나를 핍박
하는 자들을 주께서 언제나 심판하시리이까
85 주의 법을 따르지 아니하는 교만한 자들이
나를 해하려고 웅덩이를 팠나이다
86 주의 모든 계명들은 신실하니이다 그들이
이유 없이 나를 핍박하오니 나를 도우소서
87 그들이 나를 세상에서 거의 멸하였으나
나는 주의 법도들을 버리지 아니하였사오니
88 주의 인자하심을 따라 나를 살아나게 하소
서 그리하시면 주의 입의 교훈들을 내가 지
키리이다
89 ○여호와여 주의 말씀은 영원히 하늘에 굳게
섰사오며
90 주의 성실하심은 대대에 이르나이다 주께서
땅을 세우셨으므로 땅이 항상 있나이다
91 천지가 주의 규례들대로 오늘까지 있음은
만물이 주의 종이 된 까닭이니이다
92 주의 법이 나의 즐거움이 되지 아니하였으
면 내가 내 고난 중에 멸망하였으리이다
93 내가 주의 법도들을 영원히 잊지 아니하오
니 주께서 이것들로 나를 살게 하심이니이다
94 나는 주의 것이오니 나를 구원하소서 내가
주의 법도들만을 찾았나이다
95 악인들이 나를 멸하려고 엿보오나 나는 주
의 증거들만을 생각하겠나이다
96 내가 보니 모든 완전한 것이 다 끝이 있으...

하나님께서 직접 흙으로 자기 형상을 따라 사람을
만드시고 코에 생기를 불어넣으신 것을 나타내는
표현이다(창 2:7).
119:83 내가 연기 속의 가죽 부대가 되었으나
죽 부대 는 유목민들이 물이나 술을 담아 가지고 다
니던. 불에 가까이 두면 검게 그을리고 쭈글쭈글해
지서 쓸모없게 되어 버린다. 시인은 고난으로 일그러
찢기고 상한 자신의 비참한 모습을 이 가죽 부대에
비유하고 있다.

894

97 ○내가 주의 법을 어찌 그리 사랑하는지요
내가 그것을 종일 작은 소리로 읊조리나이다
98 주의 계명들이 항상 나와 함께 하므로 그것
이 나를 원수보다 지혜롭게 하나이다
99 내가 주의 증거들을 늘 읊조리므로 나의
첨함이 나의 모든 스승보다 나으며
100 주의 법도들을 지키므로 나의 명철함이
노인보다 나으니이다
101 내가 주의 말씀을 지키려고 발을 금하여
모든 악한 길로 가지 아니하였사오며
102 주께서 나를 가르치셨으므로 내가 주의 규
례들에서 떠나지 아니하였나이다
103 주의 말씀의 맛이 내게 어찌 그리 단지요 내
입에 꿀보다 더 다니이다
104 주의 법도들로 말미암아 내가 명철하게
되었으므로 모든 거짓 행위를 미워하나이다
105 ○주의 말씀은 내 발에 등이요 내 길에
빛이니이다
106 주의 의로운 규례들을 지키기로 맹세하고
굳게 정하였나이다
107 나의 고난이 매우 심하오니 여호와여 주의
말씀대로 나를 살아나게 하소서
108 여호와여 구하오니 내 입이 드리는 자원제
물을 받으시고 주의 공의를 내게 가르치소
서
109 나의 생명이 항상 위기에 있사오나 나는
주의 법을 잊지 아니하나이다
110 악인들이 나를 해하려고 올무를 놓았사
오나 나는 주의 법도들에서 떠나지 아니하였
나이다
111 주의 증거들로 내가 영원히 나의 기업을
삼았사오니 이는 내 마음의 즐거움이 됨
이니이다
112 내가 주의 율례들을 영원히 행하려고
내 마음을 기울였나이다
114 주는 나의 은신처요 방패시라 내가 주...

119:105 주의 말씀은 내 발에 등이요 내 길에
빛이니이다 주의 말씀이 안전한 길과 바른길로 인
도하심을 빛으로 표현한 것이다.
119:108 내 입이 드리는 자원제물을 받으시고
자원제물은 서원이나 기도의 응답에 기쁘고 감
사한 나머지 자발적으로 드리는 제사 예물이다(레
22:18, 민 15:3). 따라서 본문은 하나님께 진심...
으로 기쁘게 감사의 찬송을 드린다는 뜻이다.
119:112 내 마음을 기울였나이다 내 마음을 기울...
나이다 란 뜻이다. 시인이 주의 율례를 행하가...

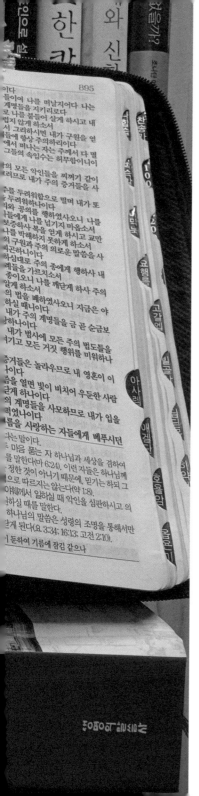

제2장

예수는 말씀입니다

말씀이 하나님 · 성경아카데미 · 믿음과 순종

1.

말씀이 하나님

말씀이 하나님입니다

말씀이 하나님입니다. 매우 놀랍고 위대한 선언입니다.

요1:1, "태초에 말씀이 계시니라 이 말씀이 하나님과 함께 계셨으니 이 말씀은 곧 하나님이시니라"

그리고 말씀이 육신이 되어 이 땅에 오신 분이 예수그리스도이십니다.

요1:14, "말씀이 육신이 되어 우리 가운데 거하시매 우리가 그의 영광을 보니 아버지의 독생자의 영광이요 은혜와 진리가 충만하더라"

예수는 말씀입니다. 그래서 예수를 제대로 알기 위해서는 말씀 곧 성경을 읽어야 합니다. 수많은 일반서적들이, 논문들이, 학교교과서가 하나님의 말씀일 수는 없습니다. 생활에 필요한 지식과 유익을 주고 인간다운 삶으로 인도합니다. 그러나 하나님의 말씀은 아닙니다. 영원한 생명, 구원으로 인도하지 못합니다. 오직 성경만이 하나님의 말씀입니다. 이것이 일반 책들과 다른 점입니다. 2,000년 전의 예수를 볼 수가 없습니다. 오직 성경을 통해 만나는 것입니다. 말씀을 통해 만나는 것입니다.

말씀이 빛입니다

늦은 저녁에 남산을 오른 적이 있습니다. 남산에서 바라보는 도시의 불빛이 참 아름답습니다. 하지만 내려오는 길에, 어두운 산길이나, 밤길을 걸을 때, 빛이 없으면 왠지 무섭습니다.

예수님은 어두운 인생길에 도시의 불빛처럼 아름답게 하시는 생명의 빛이십니다.

요8:12, "예수께서 또 말씀하여 이르시되 나는 세상의 빛이니 나를 따르는 자는 어둠에 다니지 아니하고 생명의 빛을 얻으리라"

어떤 사람들은 생명의 빛 되신 예수님이 싫습니다. 말씀이 싫습니다. 왜 그렇습니까? 자신의 은밀한 영적, 정신적, 육체적 죄악이 드러나기 때문입니다.

요3:19-20 "사람들이 자기 행위가 악하므로 빛보다 어둠을 더 사랑한 것이니라 악을 행하는 자마다 빛을 미워하여 빛으로 오지 아니하나니 이는 그 행위가 드러날까 함이요"

회개하면 되는데 사람들은 그릇된 자존심, 아집과 고집으로 예수를 멀리합니다.

어두운 세상에서 생명의 빛이신 예수님을 따라 살아가야 합니다.

시119:105, "주의 말씀은 내 발에 등이요 내 길에 빛이니이다"

말씀이 영원합니다

완벽주의가 있습니다. 제대로 하기 위해서입니다. 그런데 100% 완전한 것은 없습니다. 여전히 지나고 나면 부족합니다. 새로운 것들이 등장합니다. 또 다른 스트레스입니다. 영원하지 않습니다. 무엇보다도 세상과 인간은 절대 완전할 수 없습니다. 영원하지 않습니다. 어떤 사람들은 영원히 기억되길 소망하며 역사적인 기념비를 만듭니다. 그때뿐입니다. 솔로몬은 고백합니다.

전1:2, "전도자가 이르되 헛되고 헛되며 헛되고 헛되니 모든 것이 헛되도다"

사람들은 기억하지 못합니다. 각자 자신의 삶을 살기도 바쁩니다. 좋은 삶을 소망하며 노력할 뿐입니다. 사람들은 풀입니다. 주의 말씀만이, 성경만이 완전하고 영원합니다.

벧전1:24-25, "그러므로 모든 육체는 풀과 같고 그 모든 영광은 풀의 꽃과 같으니 풀은 마르고 꽃은 떨어지되 오직 주의 말씀은 세세토록 있도다 하였으니 너희에게 전한 복음이 곧 이 말씀이니라"

산상수훈

산상수훈은 예수님께서 산 위에서 제자들에게 가르치신 말씀입니다. 특히 마5:1-12절을 깊이 묵상하면 영과 마음이 맑아지고 새로워집니다. 부족하지만 천국백성으로서 참된 축복, 참된 삶의 자세를 깨닫게 됩니다.

"심령이 가난한 자는 복이 있나니 천국이 그들의 것임이요
애통하는 자는 복이 있나니 그들이 위로를 받을 것임이요
온유한 자는 복이 있나니 그들이 땅을 기업으로 받을 것임이요
의에 주리고 목마른 자는 복이 있나니 그들이 배부를 것임이요
긍휼히 여기는 자는 복이 있나니 그들이 긍휼히 여김을 받을 것임이요
마음이 청결한 자는 복이 있나니 그들이 하나님을 볼 것임이요
화평하게 하는 자는 복이 있나니 그들이 하나님의 아들이라 일컬음을 받을 것이요 의를 위하여 박해를 받은 자는 복이 있나니 선지자들도 이같이 박해하였느니라 나로 말미암아 너희를 욕하고 박해하고 거짓으로 너희를 거슬러 모든 악한 말을 할 때에는 너희에게 복이 있나니 기뻐하고 즐거워하라 하늘에서 너희의 상이 큼이라 너희 전에 있던 선지자들도 이같이 박해하였느니라."

요즘에는 7절의 긍휼히 여기는 자는 복이 있다는 말씀이 가슴에 다가옵니다. 가만히 지난 삶을 돌아보면 어렵고 힘들었습니다. 때때로 죄와 허물, 실수로 불쌍한 삶이었습니다. 그런데 예수님께서 나를, 우리

를 긍휼히 여겨서 십자가의 보혈로 모든 죄를 용서합니다. 구원의 길로 인도합니다. 영광스런 하나님의 자녀로 살아가게 합니다. 십자가의 은혜가 너무 고맙고 감사합니다. 함께 긍휼의 마음으로 사람들과 세상을 바라보았으면 좋겠습니다.

하나님 나라와 의를 구하라!

대부분의 사람들은 자신의 나라와 의를 구하며 살아갑니다. 크고 넓은 꿈과 비전을 생각하며 살아갑니다. 가족과 생활을 위해 사업장과 일터에서 열심히 일합니다. 학교에서 열심히 공부합니다. 그러나 하나님 나라와 의를 구하지는 않습니다. 삶의 우선순위를 잘해야 합니다. 햇빛과 공기, 물, 호흡과 생명, 건강, 지혜와 총명, 좋은 만남, 일터를 주시는 분은 하나님이십니다. 하나님 나라와 의를 먼저 구해야 합니다. 창조주 하나님께 매일 아침 기도하는 생활이어야 합니다. 주의 말씀인 성경을 읽어야 합니다. 예배자의 삶이어야 합니다. 하루하루가 참 소중한 시간들입니다. 이 땅에서 하나님 나라와 의를 구하며 청지기 인생을 살아가야 합니다. 예수님께서 말씀합니다.

마6:31-33 "그러므로 염려하여 이르기를 무엇을 먹을까 무엇을 마실까 무엇을 입을까 하지 말라 이는 다 이방인들이 구하는 것이라 너희 하늘 아버지께서 이 모든 것이 너희에게 있어야 할 줄을 아시느니라 너희는 먼저 그의 나라와 그의 의를 구하라 그리하면 이 모든 것을 너희에게 더하시리라" 마6:31-33

추천도서

『나의 나라에서 하나님 나라로』 이재훈

마귀가 존재합니다

악한 마귀와 귀신이 존재합니다. 이것을 부인하는 사람들은 가짜 목사입니다. 가짜 성도입니다. 불신앙의 사람들입니다. 왜냐하면 예수님과 성경의 내용을 믿지 않기 때문입니다. 예수님께서도 악한 영, 귀신들이 있음을 이야기합니다. 마귀가 40일을 금식하신 예수님을 3가지로 시험합니다. (마4:1-11, 막1:12-13, 눅4:1-13) 뿐만 아니라 추하고 더러운 귀신들을 말씀으로 쫓아냅니다. 바울도 악한 영들의 존재를 말합니다.

엡6:11-12, "마귀의 간계를 능히 대적하기 위하여 하나님의 전신갑주를 입으라 우리의 씨름은 혈과 육을 상대하는 것이 아니요 통치자들과 권세들과 이 어둠의 세상 주관자들과 하늘에 있는 악의 영들을 상대함이라"

매우 간사하고 교활한 마귀는 때때로 광명한 천사로 위장합니다(고후11:14). 죄와 불의, 거짓, 특히 샤머니즘과 무속, 이단들의 배후에는 마귀와 귀신의 영들이 있습니다. 마귀가 무서워하는 것은 돈과 권력, 학벌, 외모, 인기가 아닙니다. 마귀가 가장 무서워하는 것은 예수의 보혈입니다. 예수의 거룩한 피 입니다. 주의 말씀과 성령입니다.

추천도서

『현대종교』 탁지원

천사가 존재합니다

마귀가 존재하듯이 천사가 존재합니다.

예수님이 탄생하실 때 천사들이 나타납니다.

눅2:13, "홀연히 수많은 천군이 그 천사와 함께 하나님을 찬송하여"

예수님이 부활하신 무덤에서도 천사가 나타납니다.

요20:12, "흰 옷 입은 두 천사가 예수의 시체 뉘었던 곳에 하나는 머리 편에 하나는 발편에 앉았더라"

천국에서도 천사들이 찬양합니다.

계5:11-12, "내가 또 보고 들으매 보좌와 생물들과 장로들을 둘러선 많은 천사의 음성이 있으니 그 수가 만만이요 천천이라 큰 음성으로 이르되 죽임을 당하신 어린 양은 능력과 부와 지혜와 힘과 존귀와 영광과 찬송을 받으시기에 합당하도다 하더라"

지금의 시대에도 천사는 영적활동을 하며 교회와 성도들을 돕는 영으로 함께 합니다.

씨 뿌리는 비유

농부가 밭에 씨를 뿌릴 때는 좋은 열매를 기대하고 뿌립니다. 부모가 자녀들을 양육할 때도 미래의 좋은 결과를 소망합니다. 예수님께서 '씨 뿌리는 비유'(마13:18-23)를 통해 말씀합니다. 모두가 좋은 열매를 맺는 복된 인생이 되라는 것입니다. 씨는 하나님의 말씀을 의미합니다. 땅은 사람들의 마음의 밭을 말합니다. 세상에는 네 종류의 사람들이 있습니다. 첫째, 길가와 같은 사람들입니다. 둘째, 돌밭 같은 사람들입니다. 셋째, 가시떨기 같은 사람들입니다. 넷째, 좋은 땅의 사람들입니다. 내 안에, 사람들 속에 길가와 같은 완고한 마음이 있습니다. 돌밭 같이 기회주의적이고 연약한 마음이 있습니다. 가시떨기 같이 부정적이고 복잡한 마음들이 있습니다. 참 고통스럽습니다. 그럼에도 불구하고 포기하지 말고 좋은 땅으로 계속 가꾸어야 합니다. 그리하여 30배, 60배, 100배의 좋은 열매를 맺는 축복된 삶이어야 합니다.

하루아침에 좋은 땅이 되지 않습니다. 과정이 있습니다. 훈련입니다. 깨달아야 합니다.

마13:23, "좋은 땅에 뿌려졌다는 것은 말씀을 듣고 깨닫는 자니 결실하여 어떤 것은 백 배, 어떤 것은 육십 배, 어떤 것은 삼십 배가 되느니라"

목마른 인생

수많은 만남들이 있습니다.

그 가운데 남자와 여자의 만남은 왠지 가슴을 설레게 합니다.

요한복음 4장에 수가성 여인의 이야기가 있습니다. 부끄럽지만 결혼을 다섯 번이나 했습니다. 그리고 지금은 한 남자와 동거하고 있습니다. 깊은 아픔과 사연이 많은 여인입니다. 사랑, 우정, 돈, 명예, 권력… 세상 물에 목이 많이 말랐던 여인입니다. 결국 실패의 인생입니다.

하지만 예수님을 만나고 목마르지 않는 새로운 삶을 살게 됩니다. 인생의 목마름과 방황은 십자가에 죽으시고 부활하신 예수님을 만나야 끝이 납니다. 길이요, 진리요, 생명이신 예수님을 만나야 합니다. 예수님께 주시는 물, 영원한 생명의 말씀, 성경에 귀를 기울여야 합니다.

요4:13-14, "예수께서 대답하여 이르시되 이 물을 마시는 자마다 다시 목마르려니와 내가 주는 물을 마시는 자는 영원히 목마르지 아니하리니 내가 주는 물은 그 속에서 영생하도록 솟아나는 샘물이 되리라"

일용할 양식을 주시옵고

대부분의 삶의 문제는 경제와 건강입니다.

하루하루 아침저녁으로 수많은 자영자들, 기업인들, 근로자들, 공무원들, 학생들이 출퇴근하며 살아갑니다. 성실하게 자신과 가족들의 생계를 위해, 부부가 맞벌이도 합니다. 1,000만 원 이상의 월급을 받고 사는 사람들도 있지만 100만 원, 200만 원, 300만 원의 월급을 받는 소박하고 평범한 사람들이 많습니다. 일용할 양식이 있어야 합니다. 하루 세끼 밥을 먹어야 합니다. 자녀교육비, 관리비, 은행대출이자, 각종 세금을 내야 합니다. 함께 사는 세상에서 직장생활에서, 노사가 인격적으로 이해하고 배려하고 존중하는 삶이었으면 합니다. 연약한 사람들입니다. 소중한 시간들입니다. 출퇴근시간을 지켜 주고, 업무 외에는 특별수당과 휴가를 주고 또한 회사의 미래를 위해 협력하는 보람 있는 일터가 되었으면 합니다. 가난하고 빈곤하면 삶이 불편합니다. 인간관계도 멀리하고 싶어집니다. 그렇다고 꼭 불행한 것은 아닙니다. 예수님은 일용할 양식을 구하라고 가르칩니다.

마6:11, "오늘 우리에게 일용할 양식을 주시옵고"

추천도서
『피터 드러커의 경영을 읽다』 피터 드러커/조미라
『노동의 미래』 강호인·박순애·엄석진

2.

성경아카데미

성경은 오래된 책들입니다

성경은 신약은 2,000년 전, 구약은 2,400-3,500년 전에 기록된 책들입니다. 매우 오래된 책들의 모음입니다. 그런데 종종 10년, 20년 전 기록된 책들처럼 쉽게 생각하는 경우가 있습니다. B. C. (Before Christ)와 A. D(Anno Domini. in the year of our Lord)를 중심으로 지금부터 구약은 3,500-2,400년 전, 신약은 약 2,000년 전 글입니다. 약 1,600년의 기간에 40여 명의 저자들이 기록한 책입니다. 성경의 핵심적인 책은 모세오경과 역사서, 예언서, 시가서, 4복음서, 바울서신, 일반서신입니다. 그리고 신약과 구약은 철저히 편집되었습니다. 역사적으로, 문화적으로 조금 깊이 생각하며 읽어야 합니다. 지금의 시대 사람들은 시공을 초월하여 오래된 책들을 읽고 있는 것입니다.

모세오경

모세오경은(B.C. 1445-1405) 모세에 의해 기록된 5권의 책을 말합니다.

창세기. 출애굽기, 레위기, 민수기, 신명기입니다.

창세기는 창조와 인류의 시작, 이스라엘의 역사의 시작을 말합니다.

출애굽기는 이스라엘의 애굽 탈출과 하나님과 언약입니다.

레위기는 하나님께서 주신 율법 특히 제사를 중요하게 다룹니다.

민수기는 약속의 땅으로 가는 광야에서의 여정입니다.

신명기는 율법의 재조명입니다.

예수님은 모세오경을 믿어야 한다고 말씀합니다.

요5:46-47, "모세를 믿었더라면 또 나를 믿었으리니 이는 그가 내게 대하여 기록하였음이라 그러나 그의 글도 믿지 아니하거든 어찌 내 말을 믿겠느냐 하시니라"

성경의 역사

구약성경과 신약성경의 정경화 과정이 있습니다.

구약성경은 70인 역본(B.C. 285-247)을 중심으로 얌니야회의(A.D. 90)때에 최종적으로 39권이 정경으로 인정됩니다. 신약성경은 로마교회회(A.D. 382)와 히포교회회의(A.D. 393)를 거치면서 카르타고 교회회의(A.D. 397)에서 최종적으로 27권이 정경으로 결정됩니다. 그리고 중세를 지나며 독일어, 프랑스어, 네덜란드어, 영어로 번역됩니다.

한국어성경은 존 로스선교사와 존 메킨타이어 선교사의 한글선생으로 협력한 이응찬, 서상륜, 백홍준 등에 의해 이루어집니다. 또한 일본에서 유학한 이수정역으로 번역되었습니다. 현재는 1956년에 번역된 개역성경전서를 비롯하여 시대와 문화에 맞게 쉬운 현대 언어들로 번역되고 있습니다. 한글성경을 읽으며 국민들의 일상생활의 편리와 행복을 위해 한글을 창제(1443-1446)하신 세종대왕과 집현전학자들의 깊은 배려와 수고에 감사를 드리게 됩니다.

성령의 감동으로

성경은 일반사람들이 기록한 책이 아닙니다. 성령의 감동을 받은 사람들이 기록한 것입니다. 그래서 성령 안에서 성경을 읽어야 믿음이 생기고 은혜가 됩니다. 기쁨과 생명, 치료와 축복, 자유와 평화가 임합니다. 인간적 지혜와 이성으로 읽으면 이해가 안 됩니다. 의심입니다. 힘듭니다. 성령 안에서 읽어야 합니다. 성경은 하나님의 영, 곧 성령의 감동을 받은 사람들이 기록한 책이기 때문입니다. 성경은 사람의 영광이 아니라 하나님의 영광을 위한 책입니다.

딤후3:16-17, "모든 성경은 하나님의 감동으로 된 것으로 교훈과 책망과 바르게 함과 의로 교육하기에 유익하니 이는 하나님의 사람으로 온전하게 하며 모든 선한 일을 행할 능력을 갖추게 하려 함이라"

핵심은 예수님입니다

성경의 주인공은 예수님입니다. 성경에서 십자가에 죽으시고 부활하신 예수님을 만나야 합니다. 구약은 오실 예수님을 이야기합니다. 신약은 오셔서 십자가에 죽으시고 부활하신 예수님, 그리고 다시 오실 예수님을 이야기합니다. 성경을 읽는 사람들은 성령 안에서 아브라함과 이삭, 야곱, 모세, 엘리야, 다윗과 함께 했던, 마태, 마가, 누가, 요한, 야고보, 베드로와 바울과 함께 했던 예수님을 만나야 합니다. 예수님이 성경의 핵심입니다.

요20:31, "오직 이것을 기록함은 너희로 예수께서 하나님의 아들 그리스도이심을 믿게 하려 함이요 또 너희로 믿고 그 이름을 힘입어 생명을 얻게 하려 함이니라"

요5:39, "너희가 성경에서 영생을 얻는 줄 생각하고 성경을 연구하거니와 이 성경이 곧 내게 대하여 증언하는 것이니라"

빌3:8, "내 주 그리스도 예수를 아는 지식이 가장 고상하기 때문이라"

어려운 성경구절들

벧전3:19-20, "그가 또한 영으로 가서 옥에 있는 영들에게 선포하시니라 그들은 전에 노아의 날 방주를 준비할 동안 하나님이 오래 참고 기다리실 때에 복종하지 아니하던 자들이라 방중에서 물로 말미암아 구원을 얻은 자가 몇 명뿐이니 겨우 여덟 명이라"

예수께서 영으로 옥(지옥)에 있는 영들에게 복음을 선포했다 말씀합니다. 영적인 일이어서 해석이 조심스럽습니다. 어렵습니다. 에스겔, 다니엘, 요한계시록의 환상들과 상징도 어렵습니다. 그래서 성경해석학을 배우게 됩니다. 성경은 말씀합니다.

벧후1:20-21, "먼저 알 것은 성경의 모든 예언은 사사로이 풀 것이 아니니 예언은 언제든지 사람의 뜻으로 낸 것이 아니요 오직 성령의 감동하심을 받은 사람들이 하나님께 받아 말한 것임이라"

벧후3:15-16, "우리 사랑하는 형제 바울도 그 받은 지혜대로 너희에게 이같이 썼고 또 그 모든 편지에도 이런 일에 관하여 말하였으되 그 중에 알기 어려운 것이 더러 있으니 무식한 자들과 굳세지 못한 자들이 다른 성경과 같이 그것도 억지로 풀다가 스스로 멸망에 이르느니라"

참고문헌

『그랜드종합주석』 제자원

* 벧전3:19 주석

본 절은 카톨릭에서 주장하는 예수그리스도의 지옥강하설의 근거가 되는 구절이다.

본 절의 해석에 있어서 크게 두 가지 견해로 나뉜다. 1)예수께서 성육신하시기 이전 영의 모습으로 노아를 통하여 노아시대의 사람들에게 복음을 전파하신 것을 가리킨다. 2)예수께서 죽으셨다가 3일 만에 부활하셨을 때 현재의 지옥에 있는 영들, 곧 노아 시대에 노아의 전도를 거부했던 영들에게까지 예수가 참 그리스도요, 주님이심을 알려지게 되었다는 것을 가리킨다.

1517년, 종교개혁

세계 교회사의 중요한 인물들이 있습니다. 특히 기억해야 할 사람은 루터, 칼뱅, 웨슬리입니다. 루터는 믿음을 강조합니다. 칼뱅은 하나님의 절대주권을 강조합니다. 웨슬리는 성령 안에서 인간의 자유의지 소중히 여깁니다. 성경에는 모든 것이 다 포함되어 있습니다.

특히 루터를 기억해야 합니다. 1517년 10월 31일에 비텐베르크성 교회 정문에 카톨릭의 면죄부 판매에 대한 항의서 등 95개조의 반박문을 게재합니다. "오직 믿음, 오직 성경, 오직 그리스도, 오직 은혜, 오직 하나님께 영광" 목표로 종교개혁을 시작합니다. 무엇보다도 성경을 수많은 국민들을 위해 번역한 것은 루터의 큰 업적입니다. 복음과 교회의 역사 속에서 중요한 인물들과 정통교리를 배우는 것은 매우 중요합니다. 하이델베르그 교리 문답(1563년), 웨스트민스터 신앙고백(1647년), 로잔언약(1974년)을 기억하며 복음적인 신앙생활을 해야 합니다. 미래 교회는 복음의 본질을 지키며 새롭게 개혁하고 변화되어야 합니다.

참고문헌

『인물중심의 교회사』 E.S.모이어/곽안전·심재원

최고의 선물, "성경"

약 25년 동안 학교교육을 받았습니다.

초등학교 6년, 중학교 3년, 고등학교 3년, 대학교 4년….

어릴 적 잠깐 교회에 다닌 적은 있지만 믿음의 가정이 아녔기에 성경에 대해 잘 몰랐습니다. 학교 교과서공부, 국어, 영어, 수학, 과학, 한국사, 세계사…. 시험공부가 대부분이었습니다. 학교에서는 선생님들을 통해 글을 배우고 새로운 지식을 깨닫고, 미래의 꿈을 꾸고, 나라사랑이 기억에 남습니다. 나라 사랑과 사람 중심의 교육이었습니다. 하나님 사랑과 성경에 대해서는 배우지 못했습니다. 특별히 어릴 때부터 성경을 바르게 배웠으면 좋았을 걸 하는 아쉬움이 있습니다. 천국 가신 김준곤 목사님은 "성경이 신앙과 행위의 표준이 되는 민족"을 소망하며 평생 기도를 했다고 합니다.

추천도서

『내가 사랑한 성경』박희천

『성경에센스』김윤희

『성경66권 맥잡기』(신약,구약) 한상인

『어? 성경이 읽어지네』(신약,구약) 이애실

『성경이 만든 사람』전광

성경을 통해 얻는 유익은?

존 맥아더 목사님은 미국 캘리포니아 그레이스커뮤니티 교회를 섬기십니다. 5대째 목회자 가문입니다. 『존 맥아더의 어떻게 성경을 공부하는가?』라는 책을 쓰셨습니다.

깊은 묵상 속에 목사님은 성경공부의 유익을 6가지로 잘 설명합니다.

1) 말씀을 통해 진리와 만난다.

2) 행복으로 충만한 삶을 살게 한다.

3) 죄에 맞서 승리하게 한다.

4) 우리를 성장하게 한다.

5) 우리에게 영적인 힘을 불어넣어 준다.

6) 성령님이 우리의 삶을 인도해 주신다.

추천기관
성경과학연구소 김명현

잠언을 읽으세요!

잠언은 31장으로 되어 있습니다.

B.C. 900-1000년경에 솔로몬에 의해 기록된 글입니다. 지금부터 약 3천 년 전 글입니다. 소크라테스나, 플라톤, 아리스토텔레스, 공자나, 맹자, 석가보다도 500년 전에 쓰여진 글입니다. 특히 공자의 "논어"보다 앞선 글입니다. 후대에 히스기야왕의 신하들이 편집했다고 성경은 말합니다(잠25:1). 교우들에게 하루에 1장씩 잠언을 읽을 것을 권면합니다. 한 달이 31일이나 하루에 한 장씩만 읽으면 부담이 되지 않고 참 좋습니다. 또한 오전에는 신약을 읽고, 저녁에는 구약을 조금씩 나눠서 읽으면 건강하고 복된 신앙생활을 할 수 있습니다.

추천도서

『잠언은 복음이다』송상철
『길이 되는 생각, 잠언』정성진

3.

민음과 순종

하나님의 의와 나의 의

종종 신앙생활을 하면서 목회자들이, 교우들이 갈등하는 경우가 있습니다. 똑같이 예수를 믿고 똑같은 성경을 보고, 예배를 드리고 하나님을 섬기는데 문제와 다툼과 갈등이 생깁니다. 열심히 복음과 교회를 위해 충성하는데 원망과 불평이 생깁니다. 왜 그럴까요? 예수를 믿으면서도 하나님의 나라와 의보다는 자신의 나라와 의를 구하기 때문입니다. 예수의 이름을 자신의 성공과 영광의 도구로 남용하기 때문입니다. 입술로는 하나님의 나라와 의인데 실제는 나의 나라와 나의 의를 구하기 때문입니다. 참 고통스럽고 괴로운 부분입니다. 함께 고민하고 회개할 부분입니다. 성경은 말씀합니다.

롬10:2-3, "내가 증언하노니 그들이 하나님께 열심히 있으나 올바른 지
식을 따른 것이 아니니라 하나님의 의를 모르고 자기 의를 세우려고
힘써 하나님의 의에 복종하지 아니하였느니라"

믿음장

히브리서 11장은 믿음의 장이라고 말합니다.

믿음의 사람들이야기가 나옵니다. 아벨, 에녹, 노아, 아브라함, 사라, 이삭, 야곱 사라, 요셉, 모세, 라합….

사람들은 이해하고 싶고 이해받고 싶어 합니다. 인간을 이해하고자 합니다. 그리고 하나님에 대해서도 이해하고자 합니다. 삶의 좋은 태도입니다. 그러나 사람들을 온전히 이해할 수 없고 특별히 하나님의 세계는 다 이해할 수 없습니다. 오직 믿음으로 받아들여야 합니다.

100년, 200년 전 일반 역사기록도 다 믿기 어렵습니다. 그런데 2,000년 전, 3,500년 전 성경을 하나님의 말씀으로 믿습니다. 십자가에 죽으시고 부활하신 예수를 하나님으로 믿습니다. 큰 기적입니다. 인간의 지혜와 지식으로 해결되는 일이 아닙니다. 성령의 역사입니다.

히11:6, "믿음이 없이는 하나님을 기쁘시게 하지 못하나니 하나님께 나아가는 자는 반드시 그가 계신 것과 또한 그가 자기를 찾는 자들에게 상 주시는 이심을 믿어야 할지니라"

예수님께서 도마에게 말합니다.

"너는 나를 본 고로 믿느냐 보지 못하고 믿는 자들은 복되도다"

(요20:29)

순종이 제사보다 낫고

배워서 일반지식과 성경지식은 많은데 순종이 어렵습니다.
삼상15:22, "사무엘이 이르되 야훼께서 번제와 다른 제사를 그의 목소리를 청종하는 것을 좋아하심 같이 좋아하시겠나이까 순종이 제사보다 낫고 듣는 것이 숫양의 기름보다 나으니"

사무엘이 사울의 그럴듯한 합리화와 변명에 대해 책망하는 말입니다. 예수를 믿고 천국 가는 것은 좋은데, 때때로 예배를 드리는 것, 기도를 하는 것이 싫습니다. 특히 헌금을 드리는 것은 부담이 되고 불편합니다. 차라리 친교하고 여행, 교육, 부동산, 새로운 사업에 돈을 사용하고 싶습니다. 그리고 선교와 구제활동도 부담스럽습니다. 일상생활 속에서 공의롭고 정의롭게 사는 것도 어렵습니다. 왜 그럴까요? 욕심 때문입니다. 손해를 본다 생각하기 때문입니다. 여전히 자아가 강하기 때문입니다. 하나님이 주인이 아니라 내가 주인이 되어 있기 때문입니다. 믿음의 부족하고 성령이 충만하지 않기 때문입니다. 말씀을 신뢰하지 않기 때문입니다. 모두가 청지기 인생임을 기억해야 합니다. 성령 안에서 말씀 순종의 삶이어야 합니다.

야훼께 돌아가자!

누가복음15장에 탕자의 이야기가 있습니다.

고리타분한 훈계와 잔소리가 싫어서 자유를 찾아 집을 떠납니다. 허랑방탕한 삶입니다. 밑바닥인생입니다. 처절한 후회입니다. 다행인 것은 탕자가 아버지께로, 고향으로 돌아온 것입니다. 아버지는 눈물로, 기쁨으로 맞이합니다.

하늘아버지의 마음입니다. 성경은 말씀합니다.

호6:1-2, "오라 우리가 야훼께로 돌아가자 야훼께서 우리를 찢으셨으나 도로 낫게 하실 것이요 우리를 치셨으나 싸매어 주실 것임이라 야훼께서 이틀 후에 우리를 살리시며 셋째 날에 우리를 일으키시리니 우리가 그의 앞에서 살리라"

예수 안에서 치유가 임합니다. 살아납니다. 일어납니다. 하늘 아버지께로 돌아가야 합니다.

십자가로, 말씀으로, 성령으로 돌아가야 합니다.

다윗처럼

최고의 영성과 리더십의 모델은 예수님이십니다.

예수님을 닮아가는 것입니다. 그리고 이스라엘의 위대한 왕인 다윗을 생각해 봅니다. 성경은 다윗에 대해 이렇게 소개합니다.

행13:22, "내가 이새의 아들 다윗을 만나니 내 마음에 맞는 사람이라 내 뜻을 다 이루리라"

실수와 허물에도 불구하고 주님의 마음에 맞는 사람, 주님의 뜻을 이루는 사람, 참 본받을 만한 성경인물입니다. 아들 솔로몬도 말합니다.

왕상3:6, "솔로몬이 이르되 주의 종 내 아버지 다윗이 성실과 공의와 정직한 마음으로 주와 함께 주 앞에서 행하므로 주께서 그에게 큰 은혜를 베푸셨고"

성실한 사람, 공의로운 사람, 정직한 사람, 주님과 함께 한 사람, 주님 앞에서 살았던 사람이 다윗입니다. 큰 은혜 가운데 살아갑니다. 각 분야에 이런 지도자들이 많아졌으면 좋겠습니다.

쉐마, 이스라엘!

"이스라엘아 들으라 우리 하나님 야훼는 오직 유일한 야훼이시니 너는 마음을 다하고 뜻을 다하고 힘을 다하여 네 하나님 야훼를 사랑하라 오늘 내가 네게 명하는 이 말씀을 너는 마음에 새기고 네 자녀에게 부지런히 가르치며 집에 앉았을 때에든지 길을 갈 때에든지 누워있을 때에든지 일어날 때에든지 이 말씀을 강론할 것이며 너는 또 그것을 네 손목에 매어 기호를 삼으며 네 미간에 붙여 표로 삼고 또 네 집 문설주와 바깥문에 기록할지니라"(신6:4-9)

누가 하늘과 땅을 만드셨나요? 단군할아버지요! 성경공부시간에 5살 귀염둥이 하은이 대답입니다. 동네 어린이집에서 선생님께 배운 것 같습니다. 바르게 가르쳐주지 않으면 진짜 그런 줄 알고 평생을 살아갑니다. 학교에서 역사, 세계사, 한국사를 배웁니다. 어려서부터 무엇을 배우느냐? 에 따라 자녀의 인생관이 달라집니다. 어린 시절부터 참된 신앙교육이 중요합니다.

추천도서
『네 자녀를 네가 가르쳐라』 설동주

마음을 지키라!

명심보감(明心寶鑑) 책이 있습니다. "마음을 밝게 하는 보물 같은 거울"이라는 뜻입니다. 고려충렬왕(A.D. 1236-1308) 때 추적이 좋은 글을 모은 것입니다. 중국의 고전을 참고하여 편집한 것입니다. 옛사람들도 밝는 마음 깨끗한 마음을 귀히 여긴 것 같습니다.

이스라엘의 지혜의 왕, 솔로몬(B.C. 990-931)도 잠언에 말씀합니다.

잠4:23, "모든 지킬 만한 것 중에 네 마음을 지키라 생명의 근원이 이에서 남이니라"

예수님(B.C. 4-A.D. 30)께서도 말씀합니다.

마11:29, "나는 마음이 온유하고 겸손하니 나의 멍에를 메고 내게 배우라"

바울(B.C. 5-A.D. 67)도 말씀합니다.

빌2:5, "너희 안에 이 마음을 품으라 곧 그리스도 예수의 마음이니"

사람들은 두 가지 마음이 싸웁니다. 선한 마음과 악한 마음입니다. 인간의 마음을 창조한 분은 하나님이십니다(시33:15). 마음은 불완전합니다. 실수와 허물이 있습니다. 깨어진 마음, 병든 마음들이 있습니다. 마음을 창조하신 하나님 앞에 나와 감사의 마음, 긍정의 마음으로 고침 받고 치료받아야 합니다. 예수그리스도의 마음을 닮아가야 합니다.

행복을 위하여

제10차 세계행복보고서(2019-2021) 행복한 나라들을 조사했습니다. 핀란드가 5년 연속 1위입니다. 그리고 덴마크, 아이슬란드, 스위스, 네덜란드 등입니다. 146개국 가운데 한국은 59번째입니다. 행복한 삶을 살아야 합니다. 한국의 대표적인 100세 철학자 김형석 교수께서는 행복은 인간답게 사는 노력, 과정 그 성취에서 주어지는 것이라고 합니다. 나에게 주어진 책임과 사회적 책임을 다 맡아서 내 인격에 갖추면 행복은 따라온다고 말합니다. 사랑이 있는 곳에 행복이 있고 감사하는 마음에 행복이 있다고 말합니다.

성경은 행복의 비결을 이렇게 말합니다.

신10:13, "내가 오늘 네 행복을 위하여 네게 명하는 야훼의 명령과 규례를 지킬 것이 아니냐"

함께 행복한 국민들이 되었으면 좋겠습니다. 먼저 성경을 사랑하는 국민들이 되었으면 좋겠습니다. 함께 경제적으로도 넉넉하고 세계평화에 쓰임을 받는 나라가 되었으면 좋겠습니다.

추천도서

『우리, 행복합시다』『백년을 살아보니』김형석
『꽤 괜찮은 해피엔딩』이지선

배워야 합니다!

『살며 사랑하며 배우며』(레오 버스카글리아)를 청년시절에 읽고 많은 감동을 받았습니다. 이 땅에 태어나서 살며 사랑하며 새롭게 배워 가는 삶의 자세가 아름다웠습니다. 자연과 삶을 통해, 책과 사람들을 통한 배움의 가치가 큽니다. 무엇보다도 성경을 배워야 합니다. 아쉬운 것이 어릴 적부터 교회와 가정에서, 학교에서도 성경을 배워 왔으면 어땠을까? 생각해 봅니다. 지금은 영성의 시대입니다. 학교에 종교교육시간이 있었으면 좋겠습니다. 자신의 내면을 돌아볼 수 있도록 학생들에게, 청년들에게 다양한 종교의 세계를 가르치고, 선택의 자유를 주었으면 좋겠습니다. 참된 진리 안에서 자유와 행복, 평화를 누리며 함께 성숙한 삶을 살았으면 좋겠습니다.

추천도서
『아프니까 청춘이다』 김난도

제3장

예수는 성령입니다

성령으로 잉태 · 인격적인 성령 · 성령과 함께

1.

성령으로 잉태

성령으로 잉태

인류역사에 성령으로 잉태 된 사람은 없습니다. 아담과 하와이래 모든 남자와 여자는 성적인 관계를 통해 태어납니다. 예수님은 부부의 성적 관계 속에서 태어난 분이 아닙니다.

눅1:34-35, "마리아가 천사에게 말하되 나는 남자를 알지 못하니 어찌 이 일이 있으리이까 천사가 대답하여 이르되 성령이 네게 임하시고 지극히 높이신 이의 능력이 너를 덮으시리니 이러므로 나실 바 거룩한 이는 하나님의 아들이라 일컬어지리라"

마1:18-20, "예수그리스도의 나심은 이러하니라 그의 어머니 마리아가 요셉과 약혼하고 동거하기 전에 성령으로 잉태된 것이 나타났더니 그의 남편 요셉은 의로운 사람이라 그를 드러내지 아니하고 가만히 끊고자 하여 이 일을 생각할 때에 주의 사자가 현몽하여 이르되 다윗의 자손 요셉아 네 아내 마리아 데려오기를 무서워하지 말라 그에게 잉태된 자는 성령으로 된 것이라"

예수는 성령으로 잉태되었다고 말씀합니다. 인간적으로 도무지 이해할 수 없는 초월적 신비입니다. 그래서 예수를 구주로 믿고 하나님의 자녀로 살기 위해서는 오직 성령이 임해야 합니다. 성령을 받아야 합니다.

성령이 임해야

예수믿음은 배움, 재물, 권력의 문제가 아닙니다. 배움이 많고 재물이 많고 권력이 높은데 예수믿음이 전혀 없습니다. 구원과 영생이 없습니다. 한편으로 많은 배움과 재산, 권력을 부럽기도 하고 존중합니다. 사람들은 성공을 위해 열심히 살아갑니다. 가만히 보면 내면의 자기만족, 자기과시, 자기자랑일 경우가 많습니다. 오히려 소박하고 평범하지만 소중한 큰 믿음의 사람들이 있습니다. 물론 열심히 배우고, 재물도 있고, 권력을 가진 성숙한 믿음의 사람들이 많아지면 더욱 좋을 것입니다. 중요한 것은 예수믿음이 인간적인 노력과 애씀으로 되는 것이 아니라는 것입니다. 오직 하나님의 영, 성령이 임해야 합니다.

거듭나야 합니다.

고전12:3, "또 성령으로 아니하고는 누구든지 예수를 주시라 할 수 없느니라"

성령은 예수께로

때때로 성령을 받고 자기 자신을 자랑하고 자기 자신의 유익만을 생각하는 사람들이 있습니다. 성령을 통해 자기과시, 자기영광, 자신의 의를 드러냅니다. 잘못되고 왜곡된 모습입니다. 성령은 십자가에 죽으시고 부활하신 예수님께로 인도합니다. 예수님을 사랑하고 닮아가게 합니다. 예수님을 알아가고 자랑합니다. 진리의 말씀으로 인도합니다. 복음과 교회, 하나님의 나라와 의를 이룹니다. 항상 예수님을 높이고 찬양하고 선포합니다.

요15:26, "내가 아버지께로부터 너희에게 보낼 보혜사 곧 아버지께로부터 나오시는 진리의 성령이 오실 때에 그가 나를 증언하실 것이요"

창세전에

참 놀랍고 신비한 일들이 있습니다. 창세전의 일입니다. 창세전의 일은 인간의 지혜와 이성, 경험으로 알 수가 없습니다. 예수님은 세상과 우주만물을 창조하기 전부터 계신 분입니다.

요17:5, "아버지여 창세전에 내가 아버지와 함께 가졌던 영화로써 지금도 아버지와 함께 나를 영화롭게 하옵소서"

또한 아브라함이 나기 전부터 계신 분이라고 소개합니다.

요8:57-58, "유대인들이 이르되 네가 아직 오십 세도 못 되었는데 아브라함을 보았느냐 예수께서 이르시되 진실로 진실로 너희에게 이르노니 아브라함이 나기 전부터 내가 있느니라 하시니"

바울은 저와 여러분도 창세전에 택함 받았다고 말합니다.

엡1:4, "곧 창세전에 그리스도 안에서 우리를 택하사 우리로 사랑 안에서 그 앞에 거룩하고 흠이 없게 하시려고 그 기쁘신 뜻대로 우리를 예정하사 예수 그리스도로 말미암아 자기의 아들들이 되게 하셨으니"

예수의 족보

성경은 예수의 족보를 이렇게 기록합니다.

마1:1-17과 눅3:23-38에 있습니다. 마1:1-2 "아브라함과 다윗의 자손 예수 그리스도의 계보라 아브라함은 이삭을 낳고 이삭은 야곱을 낳고 야곱은 유다와 그의 형제들을 낳고…"

믿음의 조상 아브라함과 왕인 다윗의 자손 예수그리스도를 강조합니다. 예수님은 믿음의 주요 참된 왕이시라는 것입니다. 그리고 이스라엘 역사의 족보를 이야기합니다.

마1:6, "이새는 다윗 왕을 낳으니라 다윗은 우리야의 아내에게서 솔로몬을 낳고"

마1:11, "바벨론으로 사로잡혀 갈 때에 요시야는 여고냐와 그의 형제들을 낳으니라"

바벨론 포로기의 민족의 아픔과 슬픔, 절망을 이야기합니다. 그리고 오랜 고통과 기다림의 끝에 구주 예수님이 이스라엘의 왕으로 그리고 인류역사에 구원자로 태어납니다.

마1:16-17, "야곱은 마리아의 남편 요셉을 낳았으니 마리아에게서 그리스도라 칭하는 예수가 나시니라 그런즉 모든 대 수가 아브라함부터 다윗까지 열네 대요 다윗부터 바벨론으로 사로잡혀 갈 때까지 열네 대요 바벨론으로 사로잡혀 간 후부터 그리스도까지 열네 대더라"

예수의 제자들

예수님의 제자들이 있습니다. 마태복음10:1-4, 마가복음3:13-19, 누가복음6:12-16에 나옵니다. 총 12명입니다. 베드로, 안드레, 세베대의 아들 야고보, 요한, 빌립, 바돌로매, 도마, 마태, 알패오의 아들 야고보, 다대오, 시몬, 가룟유다입니다. 훗날 가룟 유다 대신에 맛디아를 뽑습니다. (행1:26) 그리고 특별한 제자 중의 한 명이 바울입니다.

열심히 암송했던 기억이 있습니다. 지금도 성경책을 보아야 정확하게 이름을 기억합니다. 때때로 가족들, 친척들, 조상들 이름은 제대로 모르면서 발음도 어려운 남의 나라 사람들 이름까지 기억해야 하나? 고민한 적이 있습니다. 지금은 먼저 인류의 큰 역사를 알고 개인과 가족사, 한국의 역사를 배운다는 마음으로 성경을 읽습니다.

거룩한 영

"성령은 거룩한 영이다. 성령이 사용하기를 원하시는 하나님의 종이 되려면 경건에 목숨을 걸어야 한다. 그런데 하나님의 종들이 못 볼 것 보고, 못 먹을 것 먹으며 얼마나 더럽게 사는지 모른다. 더러운 인간을 썼다가 신문에 대문짝같이 나고 하나님만 망신을 당한다. 목회자가 아무리 거룩한 종 같아도 거룩하게 살지 않으면 썩은 고기(생선)같다. 거룩을 이루기는 어려워도 깨기는 쉽다. 마음관리, 눈 관리를 잘해야 한다."

천국가신 수영로 교회 정필도 목사님이 세미나에서 하신 말씀입니다. 목회자들의 불경건한 삶을 책망합니다. 경건하게 살아야 하는데 말처럼 쉽지 않은 세상살이입니다.

벧전1:15-16, "오직 너희를 부르신 거룩한 이처럼 너희도 모든 행실에 거룩한 자가 되라 기록되었으되 내가 거룩하니 너희도 거룩할지어다 하셨느니라"

거듭나야 합니다!

요한복음3장에 니고데모 이야기가 나옵니다. 유대인의 지도자입니다. 세상적으로 열심히 공부하고 일해서 성공한 인물입니다. 그런데 삶이 공허합니다. 밤에 예수님께 찾아옵니다. 그리고 하나님 나라에 대해 질문합니다. 예수님께서 이렇게 대답합니다.

요3:5, "예수께서 대답하시되 진실로 진실로 네게 이르노니 사람이 물과 성령으로 나지 아니하면 하나님 나라에 들어갈 수 없느니라"

물(말씀)과 성령으로 거듭나야 하나님 나라에 들어갑니다. 자연적, 육신적 인간이 아니라 하늘의 인간으로 다시 태어나야 합니다. 변해야 합니다. 그래서 성경은 말씀합니다.

요1:12-13, "영접하는 자 곧 그 이름을 믿는 자들에게는 하나님의 자녀가 되는 권세를 주셨으니 이는 혈통으로나 육정으로나 사람의 뜻으로나지 아니하고 오직 하나님께로부터 난 자들이니라"

2.

인격적인 성령

보혜사 성령

요14:16, "내가 아버지께 구하겠으니 그가 또 다른 보혜사를 너희에게
주사 영원토록 너희와 함께 있게 하시리니"

보혜사(保惠師)로 번역하는 헬라어 '파라클레토스'(parakletos)는 다른
사람들에게 도움을 베풀도록 곁에 부름을 받은 자입니다. 소위 변호
사, 도우미, 위로자, 상담자, 친구를 뜻합니다.

보혜사 성령은 부족하고 연약함을 돕는 자(helper)입니다. 가르치고
생각나게 하는 최고의 교사(teacher)입니다. 극한 슬픔과 아픔을 치료
하고 위로하는 위로자(comforter)입니다. 어렵고 힘든 문제들을 친히

간구해 주시는 대언자(advocate)입니다. 혼란하고 복잡한 문제들을
해결해 주시는 자상한 상담자(counseller)입니다.

인격적인 성령

성령은 인격적인 영입니다. 인격은 지(知), 정(情), 의(意)를 포함합니다. 인격은 존중을 의미합니다. 하나님은 사람들의 의견과 삶을 존중합니다. 인격적으로 대하십니다. 성령은 인격적인 영입니다. 천국가신 하용조 목사님은 『인격적인 성령님』이란 책에서 이렇게 말씀합니다. "이 세상에서 가장 사모할 만한 아름다운 이름이 있다면 예수님의 이름이요. 이 세상에서 가장 아름다운 사역이 있다면 성령님과 사역이다" 오순절 날 성령이 오심으로 사람들이 변합니다. 생각이 변하고, 표정이 변하고, 언어가 달라지고 행동이 달라집니다. 성령은 점점 더 좋은 인격으로 변화시켜 주님의 뜻을 이루게 합니다.

겔36:26, "또 새 영을 너희 속에 두고 새 마음을 너희에게 주되 너희 육신에서 굳은 마음을 제거하고 부드러운 마음을 줄 것이며"

성령장

로마서의 핵심 주제는 '하나님의 의'입니다. 특히 로마서8장은 보석 같은 핵심 말씀입니다. 무엇보다도 성령에 대한 깊은 말씀이 있어서 좋습니다. 그래서 성령장으로 부르고 싶습니다.

신앙생활의 힘을 얻고 싶을 때 로마서8장을 반복해서 깊이 묵상하면 좋습니다. 성령의 도우심이 함께합니다. 개인적으로 롬8:26-28절을 좋아합니다.

롬8:26-28, "이와같이 성령도 우리의 연약함을 도우시나니 우리는 마땅히 기도할 바를 알지 못하나 오직 성령이 말할 수 없는 탄식으로 우리를 위하여 친히 간구하시느니라 마음을 감찰하시는 이가 성령의 생각을 아시나니 이는 성령이 하나님의 뜻대로 성도를 위하여 간구하심이니라 우리가 알거니와 하나님을 사랑하는 자 곧 그의 뜻대로 부르심을 입은 자들에게는 모든 것이 합력하여 선을 이루느니라"

부족하고 연약해도 성령께서 우리를 도우십니다. 믿음이 약해지고, 의심이 들고, 낙심될 때, 불안하고, 포기하고 싶을 때, 성령께서 말할 수 없는 탄식으로 나를 도와주신다는 약속을 말씀을 붙잡고 나아갑니다. 성령께서 주님의 뜻대로 간구하심을 신뢰합니다. 반드시 합력하여 선을 이룰 것을 소망하며 나아갑니다.

성령의 열매

갈5:22-23, "오직 성령의 열매는 사랑과 희락과 화평과 오래 참음과 자비와 양선과 충성과 온유와 절제니 이같은 것을 금지할 법이 없느니라" 성령의 열매는 예수님의 성품을 말합니다. 그리스도인들이 갖추어야 할 아름다운 인격을 말합니다. 한편으로 하나님과 관계 속에서는 사랑과 희락, 화평을, 이웃과의 관계 속에서는 오래참음과 자비와 양선을, 자기 자신과의 관계 속에서는 충성과 온유, 절제의 성품을 갖출 것을 이야기합니다. 날마다 365일, 말씀과 성령 안에서 조금씩 닮아가야 할 예수님의 성품들입니다.

성령의 은사

성령의 은사는 하나님께서 성도들에게 주신 은혜의 선물입니다. "카리스마타"(은사), "디아코니아"(직임), "에네르게마타"(역사)로 설명되기도 합니다. 고린도전서12:8-10, 고린도전서12:28-31, 로마서12:6-8, 에베소서4:11-12에 나옵니다. 다양합니다. 일반적인 성령의 은사는 지혜의 말씀은사, 지식의 말씀은사, 믿음의 은사, 병치는 은사, 능력 행함의 은사, 예언의 은사, 영들 분별의 은사, 각종 방언의 은사, 방언들 통역은사 등이 있습니다. 교회에 덕을 세우는 데 겸손히 잘 사용해야 합니다.

성령의 상징

성경에 보면 다양한 성령의 상징이 나옵니다.

쉽게 이해하고 체험하기 위해서입니다.

물, 불, 바람, 기름, 비, 비둘기, 인(印), 보증입니다. 물(요7:37-39)은 생명유지와 정결함을 상징합니다. 불(마3:11)은 하나님의 임재와 빛, 뜨거움, 열정을 의미합니다. 바람(요3:8)은 시공을 초월한 임재와 새로운 변화를 말합니다. 기름(요일2:27)은 거룩함과 치료를 의미합니다. 비(호6:3)는 생명의 탄생과 회복을 말합니다. 비둘기(요1:32)는 평화와 온유, 겸손, 순결의 삶을 말합니다. 인(印, 엡1:13)은 특별한 소유권과 권위를 표시합니다. 보증(고후1:21,22)은 보호하고 책임지는 것입니다. 성령은 지금도 바람처럼, 불처럼, 생수처럼…. 다양한 모습으로 주의 백성들을 도우시고 지키시고 인도합니다.

참고문헌

『성령론』 한국조직신학회

『성령론』 조용기

살리는 영

성령은 살리는 영, 치유하는 영입니다. 축복의 영, 자유의 영입니다. 마귀는 죽이는 영입니다. 매우 교활하고 간사한 영입니다. 신앙생활을 훼방하고 이간질하는 영입니다. 혼란과 혼돈의 영입니다. 특히 거짓의 영입니다. 거짓말하는 자주 사람들은 경계하고 조심해야 합니다.

예수를 믿고 신앙생활을 하면서 사람들에게 고통과 괴로움을 주는 사람들은 성령의 사람들이 아닙니다. 배후에 귀신의 영, 자신의 욕심과 욕망에 따라 행하는 세상적, 세속적인 사람들입니다. 회개해야 합니다. 성령의 사람은 사람들을 살립니다. 아픔과 상처를 치유합니다. 회복합니다. 위로와 소망, 평안의 삶으로 인도합니다. 성령의 사람들, 성령과 동행하며 함께 사람들을 살리는 참 하나님의 사람들이 되어야 합니다.

롬8:10-11, "또 그리스도께서 너희 안에 계시면 몸은 죄로 말미암아 죽은 것이나 영은 의로 말미암아 살아있는 것이니라 예수를 죽은 자 가운데서 살리신 이의 영이 너희 안에 거하시면 그리스도 예수를 죽은 자 가운데서 살리신 이가 너희 안에 거하시는 그의 영으로 말미암아 너희 죽을 몸도 살리시리라"

자유케 하리라!

성령은 자유의 영입니다.

고후3:17, "주는 영이시니 주의 영이 계신 곳에는 자유가 있느니라"

해방의 영입니다.

롬8:1-2, "그러므로 이제 그리스도 예수 안에 있는 자들에게는 결코 정죄함이 없나니 이는 그리스도 예수 안에 있는 생명의 성령의 법이 죄와 사망의 법에서 너를 해방하였음이라"

진리의 영입니다.

요15:26, "내가 아버지께로부터 너희에게 보낼 보혜사 곧 아버지께로부터 나오시는 진리의 성령이 오실 때에 그가 나를 증언하실 것이요"

진리의 영이신 성령은 길이요, 진리요, 생명이신 예수께로 인도합니다. 그리고 진리 안에서 자유가 있는 삶을 살게 합니다.(요8:32) 지혜와 총명 모략 재능, 지식, 하나님을 경외하는 영(사11:2)이 되셔서 험한 세상에서 넉넉히 승리하게 합니다.

LA, 아주사 성회

LA, 아주사 100주년 성회에(2006. 4. 25.-4. 2.9) 꼭 참석하고 싶었습니다. 자격이 되지 않았습니다. 21일 아침금식을 하며 특별새벽기도를 시작했습니다. 그리고 참석했습니다. 아주사 부흥운동은 1906년 4월 9일, 아주사 거리에 일어난 성령의 뜨거운 부흥운동입니다. 윌리엄 시무어(William Seymour,1872-1922)목사님을 통한 강력한 성령능력, 은사가 나타납니다. 국가와 인종을 초월하고 사회 변화로 이어집니다. 영국과 덴마크 등 세계 곳곳에 오순절 부흥 운동을 일으킵니다. 1907년 평양대부흥운동에도 영향을 줍니다. 세계오순절부흥운동의 시발점입니다. 오순절 성령의 역사는 성경에 뿌리를 둡니다. 성령은 복음의 역사를 새롭게 변화시킵니다.

행2:1-4, "오순절 날이 이미 이르매 그들이 다 같이 한 곳에 모였더니 홀연히 하늘로부터 급하고 강한 바람 같은 소리가 있어 그들이 앉은 온 집에 가득하며 마치 불의 혀처럼 갈라지는 것들이 그들에게 보여 각 사람 위에 하나씩 임하며 있더니 그들이 다 성령의 충만함을 받고 성령이 말하게 하심을 따라 다른 방언으로 말하기를 시작하니라"

희망을 노래하자!

성령은 희망의 영입니다. 거룩한 꿈과 비전의 영입니다. 그래서 어둠과 절망의 사람들에게 희망의 삶을 살게 합니다. 천국가신 강영우 박사님이 계십니다. 한국최초의 시각장애인박사님으로 미국백악관 국가장애인위원회 정책차관보로 하나님 나라와 선한 삶을 위해 아름답게 쓰임을 받습니다. 극한 절망의 삶속에서 희망을 노래합니다. 마음속에 거룩한 꿈과 비전의 영, 성령이 함께 하셨기 때문입니다. 특히 다음세대를 향해 3C를 강조합니다.

"실력(Competence), 인격(Character), 헌신(Commitment)"입니다.

욜2:28, "그 후에 내가 내 영을 만민에게 부어 주리니 너희 자녀들은 장래 일을 말할 것이며 너희 늙은이는 꿈을 꾸며 너희 젊은이는 이상을 볼 것이며"

추천도서
『내 눈에는 희망만 보였다』, 『도전과 기회 3C혁명』 강영우
『인생은 아침 태양처럼』 김선태
『어둠속에서 빛나는 것들』 신순규
『사흘만 볼 수 있다면』 헬렌 켈러

3.

성령과 함께

복음을 전파하라!

복음은 십자가와 부활의 예수입니다.

성령이 임하면 복음을, 예수님을 전하게 됩니다.

행1:8, "오직 성령이 임하시면 너희가 권능을 받고 예루살렘과 온 유대와 사마리아와 땅끝까지 이르러 내 증인이 되리라"

예수님께서도 마지막 부탁을 하십니다.

"너희는 온 천하에 다니며 만민에게 복음을 전파하라"(막16:15)

바울도 고백합니다.

행20:24, "내가 달려갈 길과 주 예수께 받은 사명 곧 하나님의 은혜의 복음을 증언하는 일을 마치려 함에는 나의 생명조차 조금도 귀한 것으로 여기지 아니하노라"

성령이 임하면 예수님의 사랑에 감사하게 됩니다. 구원의 기쁨에 감사합니다. 그리고 큰 기쁨의 좋은 소식을 전하게 됩니다. 예수의 사람은 반드시 환난 속에서도 복음을 전해야 합니다.

국제오픈도어선교회 기독교 박해 지수 상위 50개국이 포함된 '월드워치리스트(WWL) 2021'를 공개했습니다. 신앙 때문에 박해와 차별을 받은 기독교인도 전 세계 3억 4,000만 명이상입니다. 극심한 수준의 박해를 하는 나라들은 이슬람과 공산권국가들입니다. 제1위가 다름 아닌 같은 민족인 북한입니다.

말할 수 없는 탄식으로

하염없이 눈물만 흘릴 때가 있습니다.

사는 것이 너무나 힘들기 때문입니다. 사람들에 지치고, 사랑에 지치고, 꿈에 지치고, 돈에 지치고, 세상에 지쳤습니다. 절대 절망의 시간들입니다. 아무것도, 그 누구도 위로가 되지 않습니다. 그저 멍한 눈으로 하늘을 바라봅니다. 무작정 걷기도합니다. 그때 말할 수 없는 탄식으로 도와주시는 분이 있습니다. 보혜사 성령입니다.

롬8:26, "이와같이 성령도 우리의 연약함을 도우시나니 우리는 마땅히 기도할 바를 알지 못하나 오직 성령이 말할 수 없는 탄식으로 우리를 위하여 친히 간구하시느니라"

때때로 신앙적으로 낙심이 될 때, 생활에 어려움이 닥쳐올 때 롬8:26절을 생각합니다. 말할 수 없는 탄식으로 도우시는 성령을 기억합니다. 그리고 마음속으로 고백합니다. 성령께서 도우신다. 성령께서 도우신다.

생각이 중요합니다!

사람들은 생각함으로 자신의 존재 의미를 찾아갑니다. 참된 생각, 건강한 생각을 하며 살아가야 합니다. 『4차원의 영성』(조용기)이라는 책이 있습니다. 생각, 믿음, 꿈, 말입니다. 첫 번째가 생각입니다. 생각에는 영의 생각, 인간의 생각, 마귀의 생각이 있습니다. 영의 생각은 하나님의 생각입니다. 성경말씀입니다. 완전합니다. 인간의 생각은 나의 생각입니다. 불완전합니다. 마귀의 생각은 매우 간사하고 교활합니다. 악합니다. 결국 인간을 파멸합니다.

날마다 많은 생각을 하며 살아갑니다. 생각에서 말이 나옵니다, 책이 만들어지고 사상과 철학이 나옵니다. 그리고 더 발전하면 이념과 종교가 되기도 합니다. 석가의 생각이 불교를 만듭니다. 공자의 생각이 유교를 만듭니다. 마호메트의 생각이 이슬람교를 만듭니다. 김일성의 생각이 주체사상을 만듭니다. 크고 작은 삶의 현실 속에서, 역사 속에서 나의 생각 곧 인간의 사상과 철학, 학문이 하나님의 생각과 사상과 철학보다 더 중요하고 높다고 생각하는 사람들이 있습니다. 교만합니다. 성경적으로 잘 분별해야 합니다.

하나님의 생각은 성경입니다. 특히 예수를 깊이 생각하는 지혜가 있어야 합니다. (히3:1) 성령의 생각은 생명(롬8:6), 평화(롬8:6, 렘29:11), 희망(렘29:11)입니다. 선지자 이사야는 말씀합니다.

사55:8-9, "이는 내 생각이 너희의 생각과 다르며 내 길은 너희의 길과

다름이니라 야훼의 말씀이니라 이는 하늘이 땅보다 높음같이 내 길은
너희의 길보다 높으며 내 생각은 너희의 생각보다 높음이니라"

변화의 삶

성령은 변화의 영입니다. 치유와 회복, 축복, 자유를 주는 변화의 영입니다. 눅4:18-19, "주의 성령이 내게 임하셨으니 이는 가난한 자에게 복음을 전하게 하시려고 내게 기름을 부으시고 나를 보내사 포로된 자에게 자유를 눈 먼 자에게 다시 보게 함을 전파하며 눌린 자를 자유롭게 하고 주의 은혜의 해를 전파하게 하려 하심이라 하였더라"

예수님께서 700년 전의 이사야 선지자의 글을 인용하여 하신 말씀입니다. (사61:1-3) 지치고 힘든 일상생활에 주의 성령이 임하면 변화된 삶을 살게 됩니다. 가난과 궁핍이 떠나갑니다. 원수 마귀와 사람들의 포로에서, 눌린 것에 자유케 됩니다. 영의 눈이 열리고 마음과 육신의 질병에서도 자유케 됩니다. 은혜와 평화의 삶을 살게 됩니다. 『하늘경영』의 저자 채의승 장로님은 성령님과 함께 변화된 삶을 사신 착하고 충성되고 지혜로운 복음의 일꾼입니다.

또한 성령이 임하면 무엇보다도 마음이 새롭게 변합니다. (겔36:26) 굳은 마음이 부드러운 마음으로 변합니다. 부정적인 마음이 긍정적인 마음으로 변합니다. 교만한 마음이 겸손한 마음으로, 절망이 희망으로, 불행이 행복으로 변합니다. 초조와 불안이 평안으로 변합니다.

에벤에셀

에벤에셀은 '도움의 돌'이란 뜻입니다.

새벽기도 때 많이 생각하는 단어입니다.

삼상7:12, "사무엘이 돌을 취하여 미스바와 센사이에 세워 이르되 야훼께서 여기까지 우리를 도우셨다하고 그 이름을 에벤에셀이라 하니라"

이스라엘이 블레셋과의 전쟁에서 승리를 기념한 것입니다. 패배하는 삶이 아니라 승리하는 삶을 살아야 합니다. 실패가 아니라 성공, 불행이 아니라 행복한 삶, 불안한 삶이 아니라 평화로운 삶이어야 합니다. 추한 삶이 아니라 거룩한 삶이어야 합니다. 에벤에셀의 삶이어야 합니다.

전쟁 승리의 비결은 첫째, 우상을 제거합니다. 마음속의 우상들을 제거해야 합니다. 둘째, 회개합니다. 육신의 정욕, 안목의 정욕, 이생의 자랑을 회개해야 합니다. 셋째, 예배를 드립니다. 아벨의 제사를 드려야 합니다. 참된 예배를 드려야 합니다.

추천도서

『거짓 신들의 세상』 팀켈러

『주여 제가 먼지 회개합니다』 정성진

『참된 예배』 존 맥아더

노량진에서 왔어요!

부천의 순복음중동교회에서 사역할 때입니다.

지역장님과 함께 전도활동을 하였습니다.

나이든 할머니를 만나 결신기도를 시작했습니다.

"사랑의 하나님" "사랑의 하나님"

"저는 죄인입니다." "저는 죄인입니다."

"어디에서 와서" "노량진에서 와서"

노량진에서 와서? 엄청 웃음이 나와서 겨우 결신기도를 한 적이 있습니다. 할머니께서 노량진에서 오래 사시다가 이사를 온 것 같습니다.

수많은 사람들이 어디에서 와서, 왜 살며, 어디로 가는지 알지 못하고 살아갑니다. 덧없는 삶입니다. 성경은 말씀합니다.

롬11:36, "이는 만물이 주에게서 나오고 주로 말미암고 주에게로 돌아감이라 그에게 영광이 세세에 있을지어다. 아멘"

주에게서 나오고, 주로 말미암고, 주에게로 돌아감이라.

오늘 기도했나요?

"오늘 집을 나서기 전 기도했나요?
기도는 우리의 안식 빛으로 인도하니
앞이 캄캄할 때 기도 잊지 마세요~"

새 소망을 주는 복음찬양입니다. 가장 아름답고 지혜로운 기도는 주기
도문입니다. (마6:9-13) 또한 "1·1·1 기도"를 했으면 좋겠습니다.
"한 시간(1) 기도가 하루(1)를 변화시키고 일생(1)을 결정합니다!"
(마26:40) 여의도순복음교회를 통해 배웠습니다. 하루하루 살아가면
서 많은 생각과 계획도 중요하지만 365일, 매일 10분, 20분, 30분…. 1
시간 이상 깨어 기도하는 생활이길 소망합니다.
"야훼닛시"(출17:8-16)의 삶을 살기 위해서는 날마다 성령 안에서 함께
기도해야 합니다. 11월의 오륜교회 다니엘기도회는 참 아름다운 연합
기도회입니다.
빌4:6-7, "아무것도 염려하지 말고 다만 모든 일에 기도와 간구로 너희 구
할 것을 감사함으로 하나님께 아뢰라 그리하면 모든 지각에 뛰어난 하
나님의 평강이 그리스도 예수 안에서 너희 마음과 생각을 지키시리라"

예수원에서

강원도 태백에 있는 예수원을 가족들과 함께 방문하여 3박4일 머문 적이 있습니다. 미국성공회 사제이신 대천덕 신부님이(루번 아처 토레이 3세, 1918-2002) 1965년에 설립한 수도공동체입니다. 깊은 산골에 있어 공기도 좋고 건물도 참 아름다웠습니다. 처음 시작할 때는 무척 힘들었겠다는 생각이 들었습니다. 함께 예배를 드리며 묵상하고 감자를 캤던 기억이 있습니다.

특히 "노동하는 것은 기도요, 기도하는 것은 노동이다" 글이 떠오릅니다. 새로운 그리스도의 문화를 접하는 소중한 시간들이었습니다. 2012년부터는 아들 되시는 대영복(벤토레이) 사제가 섬기고 있습니다. 특별히 삼수령센타를 설립하고 생명의 강 학교를 통해 미래 남북통일을 준비하고 기도하고 있습니다. 참 고마운 분들입니다.

흐르는 강물처럼

종종 김포에서 올림픽대로를 타고 여의도에 갑니다.

흐르는 한강이 참 아름답습니다. 정말 많이 새롭게 발전했습니다. 하지만 묵묵히 흐르는 한강을 바라보며 가슴속에 깊이 새겨진 대한민국의 슬픈 역사를 생각합니다. 고조선, 삼국시대, 고려시대, 조선시대, 일제시대, 6.25. 남북분단, 갈등, 상처…. 치유와 회복이 있었으면 좋겠습니다. 에스겔 47장이 떠오릅니다.

겔47:9, "이 강물이 이르는 곳마다 번성하는 모든 생물이 살고 또 고기가 심히 많으리니 이 물이 흘러 들어감으로 바닷물이 되살아나겠고 이 강이 이르는 각처에 모든 것이 살 것이며…"

성전으로부터, 교회로부터 성령의 강물이 흐릅니다. 그리고 놀라운 치유와 회복, 살아나는 역사가 임합니다. 삼천리 방방곡곡에, 전 세계에, 개인과 가족에 일터에, 학교에 성령의 강물이 흐르길 소망합니다. 믿음의 나라, 복음의 나라, 거룩한 제사장 나라가 되길 소망합니다.

극동방송을 들으며

FM 106.9 AM 118.8는 극동방송주파수입니다.

운전을 할 때면 항상 극동방송을 듣습니다.

설교를 통해, 찬양, 간증, 중보기도를 통해 새로운 깨달음과 은혜, 감동, 도전을 받습니다.

성령 안에서 복음의 참 좋은 친구입니다. 최근에는 '크리스찬의 미래는 하나님이 함께 하십니다!'라는 김포외국어고등학교 김수상 교장선생님의 감동적인 멘트가 고마웠습니다. 크리스찬의 미래, 성도의 미래는 하나님이 함께 합니다. 최고의 행복입니다. 최고의 축복입니다.

감사+, 긍정+

감사와 긍정의 삶을 살아가야 합니다. 조금씩 조금씩, 매일매일 감사와 긍정의 삶으로 플러스되어야 합니다. 치유되고 회복되어야합니다. 그래야 건강하고 행복하고 성공적인 삶을 살 수 있습니다. 사람들의 내면은 은근히 부정적입니다. 환경과 상황에 따라 원망과 불평입니다. 성령은 감사의 영입니다. 긍정의 영입니다. 원망과 불평의 삶을 감사와 찬양의 삶으로 변화시킵니다. 부정적인 마음을 긍정적인 마음으로 변화시킵니다. 여호수아와 갈렙은 감사와 긍정의 사람으로 훌륭하게 쓰임을 받습니다. (민14:6-9) 믿음의 주요, 온전하게 하시는 예수님을 바라보며 절대긍정과 절대감사의 신앙으로 변하면 큰 승리와 영광 가운데 살아갈 수 있습니다.

십자가는 플러스표시입니다. 마이너스인생이 아니라 십자가의 보혈을 통해 플러스 인생을 살아야 합니다. 감사와 긍정이 플러스 되고 믿음과, 소망, 사랑이 플러스 되어야 합니다. 평화와 행복과 축복, 거룩이 플러스 되어야 합니다. 섬김과 나눔이 플러스 되어야 합니다. 원수 마귀는 마이너스 지옥인생이 되게 합니다. 예수님은 플러스 천국인생이 되게 합니다. 요10:9-10, "내가 문이니 누구든지 나로 말미암아 들어가면 구원을 받고 또는 들어가며 나오며 꼴을 얻으리라 도둑이 오는 것은 도둑질하고 죽이고 멸망시키려는 것뿐이요 내가 온 것은 양으로 생명을 얻게 하고 더 풍성히 얻게 하려는 것이라"

Think Globally, Act Locally!

"Think Globally, Act Locally!"

탈북학생들을 섬기는 FSI(Freedom Speaker International) 케이시 라 티크 공동대표가 좋아하는 말입니다. 우연히 마포구 독산동 사무실에서 만나게 되었습니다. 놀라운 것은 하버드대학교와 대학원에서 교육학을 전공한 수재입니다. 그런데 모든 특권과 유익을 내려놓고 목숨을 걸고 자유를 찾아 온 탈북학생들의 영어를 돕고 있습니다. 미래통일세대를 글로벌하게 키우고 있는 것입니다. 소박하고 평범하지만 묵묵히 큰일을 하고 계신 분이라는 생각이 들었습니다. 대화 가운데 많이 부끄러웠습니다. 그리고 성경의 선한 사마리아인 같다는 마음이 들었습니다. 크고 넓은 마음을 품고 사는 형제 같았습니다. 성령은 우주와 세계가운데 함께 하는 글로벌한 영입니다. 또한 가정과 일터, 학교, 지역사회와 국가에서 작은 일에 충성하는 영입니다. 21세기는 글로벌시대입니다. 세계와 함께 하는 크고 넓은 성숙한 생각, 그리고 지금 머무르고 있는 삶의 자리, 지역에서 충성하는 삶이어야 합니다.

마5:16, "이같이 너희 빛이 사람 앞에 비치게 하여 그들로 너희 착한 행실을 보고 하늘에 계신 너희 아버지께 영광을 돌리게 하라"

제4장

예수는 십자가에 죽으셨습니다

죄의 문제 · 십자가 고통과 죽음 · 끊을 수 없는 사랑

1.

죄의 문제

죄악 중에 출생하였음이여

시51:5, "내가 죄악 중에서 출생하였음이여 어머니가 죄 중에서 나를 잉태하였나이다"

다윗의 고백입니다. 어머니도 아버지도 죄인입니다. 그리고 자녀가 잉태합니다. 어린 아기가 무슨 죄가 있습니까? 라고 생각합니다. 이처럼 어여쁜 우리 아기가 무슨 죄악이 있을까? 천사 같아요! 라고 자랑하고 싶습니다. 그러나 성경은 말씀합니다.

"죄악 중에 출생하였음이여." 어린아이들, 모든 인간은 선과 악의 두 요소를 가지고 태어납니다. 그래서 가르쳐 주지도 않는데 자라면서 죄 짓고 삽니다. 본래 선하게 창조되었지만 최초의 사람인 아담과 하와가 선악과를 따먹은 이래 모든 인간은 선과 악이 공존합니다. 윤리, 도덕적으로 수양을 하고 조금 착하고 의로운 사람도 아집과 고집이 셉니다. 자기 의가 매우 강합니다. 인간은 선하지 않습니다. 크고 작은 죄성을 지닌 죄인들입니다. 긍휼과 자비, 용서를 받아야 할 죄인들입니다.

죄에 대하여라 함은?

사람들은 윤리 도덕적인 죄들을 많이 생각합니다. 물론 살인, 음란, 불의와 거짓, 도둑질… 나쁜 죄들입니다. 그러나 가장 큰 죄악은 예수를 믿지 않는 죄입니다. 영적인 죄입니다.

요16:9, "죄에 대하여라 함은 그들이 나를 믿지 아니함이요"

하나님 편에서 가장 큰 죄악을 하나님을 인정하지 않는 죄입니다. 하나님의 말씀을 무시하는 죄입니다. 특히 예수를 믿지 않는 죄입니다. 영적인 문제가 있습니다. 자기 자신과 악한 영과 경계선에서 싸우는 세계입니다. 예수를 대적합니다. 말씀을 싫어합니다. 교회를 훼방합니다. 자기 자신이 왕이요, 자신이 하나님입니다. 영적교만입니다. 은근히 위선적이고 거짓됩니다. 먼저 영적인 죄에서 그리고 윤리도덕적인 죄에서 해방이 되어야 합니다.

세 가지 유혹

원수 마귀가 40일 금식기도하신 예수님을 3가지로 유혹합니다. 하루이틀 굶는 것도 무척 힘듭니다. 그런데 40일이면 참 긴 시간입니다. 첫째, 경제의 문제입니다. 일단 금식하고 배가 고프니까 먹을 것으로 유혹합니다. 돌을 떡으로 만들어 보아라. 둘째, 정신적인 문제입니다. 산꼭대기에서 뛰어내리려 천사들이 받아줄 것이다. 정신적인 허영심을 자극합니다. 셋째, 영적인 문제입니다. 천하영광을 보여 주며 자신에게 엎드려 경배하라 말합니다. 자기 자신이 신입니다. 영적교만입니다. 사람들은 이 땅을 살아가면서 이 세 가지, 경제적인 문제, 정신적인 문제, 영적인 유혹과 문제 가운데 살아갑니다. 바울도 죄의 유혹, 세 가지(Sex, 돈, 자아)를 말합니다.

요한1서2:16-17, "이는 세상의 있는 모든 것이 육신의 정욕과 안목의 정욕과 이생의 자랑이니 다 아버지께로부터 온 것이 아니요 세상으로부터 온 것이라 이 세상도 그 정욕도 지나가되 오직 하나님의 뜻을 행하는 자는 영원히 거하느니라"

십계명을 묵상하며

경상남도 합천 해인사에 팔만대장경이 있습니다. 고려 고종때(1236-1251) 간행되었습니다. 판수가 8만여 개에 달하기 때문에 팔만대장경이라 부릅니다. 8만 4천은 매우 많다는 의미입니다. 석가(B.C. 560-480)의 가르침과 제자들의 글을 모은 것입니다. 8만 4천 가지의 인간 삶의 고뇌를 담고 있다고도 합니다. 인간이 참 복잡한 존재입니다. 그보다 1,000년 전에 모세의 십계명이 있습니다. 십계명은 모세가(B.C. 1526-1406) 시내산에서 하나님께 받은 10가지 계명입니다. 하나님과 사람들의 일상생활의 표준이 됩니다. 출애굽기(출20:1-17)와 신명기(신5:1-21)에 두 곳에 기록되어 있습니다. 핵심은 하나님 사랑(1-4계명)과 이웃사랑(5-10계명)입니다. 팔만대장경을 생각해보면 다 읽을 수도 없고 또 다른 혼란과 번뇌가 있습니다. 십계명을 묵상하다 보면 부끄러워서 회개만 나옵니다.

외식하는 서기관과 바리새인들이여!

마태복음 23장을 읽으면 부끄러워서 고개를 들 수 없습니다. 겉과 속이 다르기 때문입니다. 탈을 쓰고 살기 때문입니다. 마음속의 죄에서 자유롭지 못하기 때문입니다.

마23:25, "잔과 대접의 겉은 깨끗이 하되 그 안에는 탐욕과 방탕으로 가득하게 하는도다"

마23:27, "겉으로는 아름답게 보이나 그 안에는 죽은 사람의 뼈와 모든 더러운 것이 가득하도다"

마23:23, "박하와 회향과 근채의 십일조는 드리되 율법의 더 중한 바 정의와 긍휼과 믿음은 버렸도다 그러나 이것도 행하고 저것도 버리지 말아야 할지니라"

예수님께서 이렇게 꾸짖습니다.

마23:33, "뱀들아 독사의 새끼들아 너희가 어떻게 지옥의 판결을 피하겠느냐"

내 안에, 우리 안에는 뱀 같은 욕망과 욕심이, 독사 새끼 같은 간사함과 교활함, 영적 교만이 있습니다. 매우 추악하고 더럽고 부끄러운 죄악들입니다. 그런데 죄를 지적받는 것이 싫습니다. 자존심이 상합니다. 은근히 반항하고 분노합니다. 예수님 앞에 서면 철저히 숨겨진 은밀하고 추악한 죄들이 드러납니다. 성경을 읽으면 자신의 연약함과 허물이 드러납니다. 그래서 어떤 사람들은 예수가 싫고 하나님 말씀인 성경이 싫습니다. 죄를 인정하고 십자가 보혈 앞에 회개하면 되는데 억지와 고집을 부립니다. 심히 교만한 인간의 실존입니다. 불신앙과 불순종가운데 사는 완고한 사람들의 모습니다. 외식하는 서기관과 바리새인 같은 인생입니다.

분수에 지나치다!

민16:7, "너희가 너무 분수에 지나치느니라"

모세가 고라와 함께 한 무리들에게 한 말입니다. 분수에 지나치게 살아가는 사람들이 있습니다. 분수에 지나치면 회사직장생활, 학교생활, 교회생활, 가정생활, 국가와 국제관계 속에서도 각 분야에서 크고 작은 갈등과 문제가 발생합니다. 가난한 사람들도, 부요한 사람들도, 평범한 사람들도, 지도자들도 존중보다는 은근히 시기와 질투가 앞섭니다. 열등감이 있습니다.

삼상18:7, "사울이 죽인 자는 천천이요 다윗은 만만이로다"

열등감은 비교함으로 부정적인 마음을 줍니다. 인간관계를 힘들게 합니다. 크고 작은 열등감이 있습니다. 신앙적인 열등감, 학업의 열등감, 외모의 열감, 직책의 열등감, 재산의 열등감···. 자꾸 생각하면 피곤합니다. 열등감을 인정하고 살아야 합니다. 긍정적으로 새로운 도전을 받아야 합니다. 함께 건강하고 행복하게 살도록 겸손, 존중, 배려, 협력하는 성숙한 삶에 자세가 있으면 좋겠습니다. 또한 그리스도 예수 안에서 분량에 맞게 사는 것도 지혜라고 생각합니다. 어차피 떠나는 인생길, 조금씩 섬김과 나눔의 삶이어야 합니다.

롬12:3, "마땅히 생각할 그 이상의 생각을 품지 말고 오직 하나님께서 각 사람에게 나누어 주신 믿음의 분량대로 지혜롭게 생각하라"

참고문헌

『아들러의 인간이해』알프레드 아들러/ 홍혜경

* 아들러 심리학의 3가지 키워드는 열등감, 우월감(인정욕구), 허영심
이라고 합니다.

코람데오

"죽는 날까지 하늘을 우러러 한 점 부끄럼이 없기를 잎새 이는 바람에도 나는 괴로워했다."

독립운동가요, 시인이신 윤동주(1917-1945) 선생님의 『서시(序詩)』 처음 글입니다. 참 맑은 영혼의 인물이구나! 생각하게 됩니다. 한 점 부끄러움이 없는 사람이 있을까?

예수님 외에 허물과 죄에서 자유로운 영혼은 아무도 없습니다.

불완전한 인간이기에 실수와 허물이 있습니다. 누군가를 정죄하고 판단하기가 참 조심스럽습니다. 그럼에도 불구하고 사람이 양심이 가지고 정도(正道)를 걷고 함께 부끄러움이 없는 삶을 살도록 노력해야합니다. 요셉은 본받아야 할 참 신실한 신앙인입니다.

창39:7-9, "그 후에 그의 주인의 아내가 요셉에게 눈짓하다가 동침하기를 청하니 요셉이 거절하며 자기 주인의 아내에게 이르되 내 주인이 집안의 모든 소유를 간섭하지 아니하고 다 내 손에 위탁하였으니 이 집에는 나보다 큰 이가 없으며 주인이 아무것도 내게 금하지 아니하였어도 금한 것은 당신뿐이니 당신은 그의 아내임이라 그런즉 내가 어찌 이 큰 악을 행하여 하나님께 죄를 지으리이까"

* '코람데오'는 하나님 앞에서란 뜻입니다.

국가 인권위원회에 바란다!

국가인권위원회에 바란다!
-국민의 건강한 가정생활과 다음세대(청소년들)를 생각하며

"무더운 날씨가운데 국민의 건강한 인권을 위해 수고가 많으십니다. 작금에 계속되는 동성애의 문제를 접하며 의견을 드립니다. 동성애는 약 3,500년 전에도 경고한 일입니다. (성경, 레위기18장22,23절… 남자가 남자와 성행위를 합니다. 심지어 여자가 짐승과 성행위를 합니다.) 동성애는 인간의 왜곡된 성적의 욕망과 죄악 가운데 일어난 질병입니다. 바른 인권해석이 아닙니다. 연약한 자들(노인들, 어린아이들, 장애인들, 저임금의 근로자들…)의 인권은 국가에서 적극적으로 돕고 협력해야 할 일입니다. 그러나 동성애는 자신들의 성적 욕망과 죄 가운데 일어난 고침 받고 치료받아야 할 질병입니다. 내 자녀들이 동성애자라면 어떻게 하겠습니까? 매우 고통스런 일입니다. 이 일로 국민들의 땀흘린 소중한 세금들이 낭비되고 있습니다. 더욱 답답하고 안타까운 것은 동성애를 정당화하고 합법화하려는 사람들입니다. 세계의 흐름이니 하며 합리화하는 것은 참 분별력이 없는 국가 지도자의 자세라고 생각합니다. 국제관계 속에서 좋은 문화는 서로 국민생활을 위해 나눠야 하지만 잘못된 문화는 철저히 검증하고 막아야 할 것입니다. 특히 다음세대와 한국과 세계의 건강한 가정을 소망하며 국가인권위원회

와 위원장님의 정확한 답변을 듣고 싶습니다. 감사합니다."

* 2017년 8월에 국가인권위원회 질문한 내용입니다.

원초적 성적 욕망과 쾌락이 매우 강합니다. 치료받아야 할 성중독입니다. 알콜중독, 마약중독, 도박중독, 종교중독, 권력중독, 이념중독, 일중독 등에 빠진 사람들이 있습니다. 그리스도 예수 안에서 고침 받고 치료 받아 건강하고 행복한 삶을 살아야 합니다.

롬12:1-2, "그러므로 형제들아 내가 하나님의 모든 자비하심으로 너희에게 권하노니 너희 몸을 하나님이 기뻐하시는 거룩한 산 제물로 드리라 이는 너희가 드릴 영적 예배니라 너희는 이 세대를 본받지 말고 오직 마음을 새롭게 함으로 변화를 받아 하나님의 선하시고 기뻐하시고 온전하신 뜻이 무엇인지 분별하도록 하라"

참고문헌
『세계관전쟁』 이태희
『기독교세계관 바로 세우기』 류현모·강애리
『중독사회와 한국교회의 치유사역』 고병인외

부부싸움은 하냐?

고등학교에서 학생들을 가르치는 친구가 있습니다. 부부가 함께 만나 식사를 하고 둘이 길을 걷는데 질문을 합니다. "부부 싸움은 하냐?" 겉으로 보기에 목사로서 부부싸움을 하지 않고 오순도순 화목하고 행복하게 사랑스럽게 살 것이라 생각했나 봅니다. 웃으며 "엄청 싸웠다!"고 말했습니다. 태어나서 가장 많이 싸워 본 사람이 아내인 것 같습니다. 예수님을 믿기에, 성경도 알기에 더 본이 되고 덕이 되어야 하는데 현실은 그렇지 못했습니다. 아름답고 좋은 추억들도 많이 있었지만 때때로 마음속으로 미워하고 분노하고 싸웠습니다. 십자가의 보혈 앞에 회개하며 참고 노력했습니다. 여전히 말씀과 성령 안에서 건강하고 행복한 가정과 삶을 위해 노력하며 살고 있습니다. 결혼상담가인 게리 체프먼 목사는 『5가지 사랑의 언어』라는 책에서 부부가 서로 인정하는 말, 함께 하는 시간, 선물, 봉사, 스킨십을 할 것을 권면합니다. 말처럼 쉽지 않습니다. 먼저 각자가 하나님과 화목하고 기도하는 생활이어야 합니다.

남편과 아내, 자녀들의 영혼의 주인은 예수님이기 때문입니다.

욥22:21, "너는 하나님과 화목하고 평안하라 그리하면 복이 네게 임하리라"

종로경찰서에서

성령 안에서 믿음과 순종으로 교회를 개척하면서 속으로 걱정하는 것이 돈 문제였습니다. 당장 생존과 생활비, 자녀교육비 등의 염려였습니다. 예수님의 십자가의 은혜, 천국의 가치가 돈과 비교할 수 있겠습니까? 그럼에도 돈은 영향력이 매우 큰 것이구나! 깨닫는 시간들이었습니다. 그래서 실수와 허물도 있었습니다. 주차문제로 종로경찰서를 출석하게 되었습니다. CCTV로 찍힌 것입니다. 담당 경찰 앞에서 목사로서 많이 부끄러웠습니다. 치열한 삶의 현장 속에서 정직하게 산다는 것이 어렵습니다. 사실 사람들에게는 들키지 않았지만 주님께서 아시는 이보다 더 부끄러운 일들도 많습니다. 다윗의 위대함이 최고지도자, 권력자로서 정직입니다. 치밀하게 음행과 살인을 조작하고 숨기지만 드러나게 됩니다. 주 앞에서 정직하게 회개합니다.

시51:10-11, "하나님이여 내 속에 정한 마음을 창조하시고 내 안에 정직한 영을 새롭게 하소서 나를 주 앞에서 쫓아내지 마시며 주의 성령을 내게서 거두지 마소서"

2.

십자가 고난과 죽음

죄와 허물

마음이 심히 고통스럽고 괴로울 때는 찬송가 151장을 생각합니다.

"십자가 십자가 내가 처음 볼 때에 나의 맘의 큰 고통 사라져…"

가슴속에 깊이 숨겨진 상처들이 있습니다. 십자가를 깊이 묵상하고 바라보면 십자가의 보혈을 찬양하면 고통과 상처가 치료됩니다. 신비한 일입니다. 날마다 이사야53장5절을 묵상합니다.

사53:5 "그가 찔림은 우리의 허물 때문이요 그가 상함은 우리의 죄악 때문이라 그가 징계를 받음으로 우리는 평화를 누리고 그가 채찍에 맞음으로 우리는 나음을 받았도다"

허물과 죄악에서 자유로운 사람은 이 세상에 아무도 없습니다. 십자가의 거룩한 보혈은 지치고 힘든 생활에서 매우 소중한 은혜입니다. 날마다 십자가 보혈을 찬양하는 삶, 십자가 보혈아래 회개하고 감사하고 찬양하고 기도하는 삶을 살아가야 합니다. 치유와 평화가 임합니다.

추천도서

『보혈의 은혜』 조용기
『예수보혈의 능력』 앤드류 머레이
『감옥생활에서 찬송생활로』 멀린R. 캐로더스

십자가 7언

예수님께서 참혹한 십자가에 달려 말씀하신 일곱 마디 말씀입니다.

1언: "아버지, 저희를 사하여 주옵소서. 자기의 하는 것을 알지 못함이니이다"(눅23:34)

2언: "내가 진실로 이르노니, 오늘 네가 나와 함께 낙원에 있으리라 하시니라"(눅23:43)

3언: "여자여, 보소서, 아들이니이다! 보라 네 어머니니라"(요19:26-27)

4언: "엘리 엘리 라마 사막다니, 나의 하나님, 나의 하나님, 어찌하여 나를 버리셨나이까?"(막15:34)

5언: "내가 목마르다"(요19:28)

6언: "다 이루었다"(요19:30)

7언: "아버지여 내 영혼을 아버지 손에 부탁하나이다"(눅23:46)

고난주간을 지나며

그리스도의 십자가의 고난과 죽음을 기념하는 주간을 고난주간이라고 합니다. 부활절이 오기 한 주간의 시간입니다. 보통 매년 4월 둘째 주부터 시작합니다.

주일(일요일)에 예수님께서 예루살렘성에 입성합니다. 종려주일이라고도 합니다.

월요일에는 성전을 청결하게 하십니다. 성전은 기도하는 집임을 가르칩니다.

화요일은 제사장들, 서기관과 바리새인들과 변론을 하십니다.

수요일은 향유옥합을 드린 마리아의 사랑과 가룟유다의 배신이 있는 날입니다.

목요일은 최후의 만찬과 겟세마네의 기도하신 날입니다.

금요일은 십자가의 고난과 죽으신 날입니다.

토요일은 무덤에서 안식하신 날입니다.

주일(일요일)은 부활하신 날입니다. 영광과 승리의 날입니다.

특별히 고난주간 중 금요일은 십자가에 죽으신 예수님을 기념하는 매우 의미 깊은 날입니다.

고난주간에는 복음과 진리를 위해 고난의 길을 가신 분들을 생각해봅니다. 한국교회사에 주기철 목사님(1897-1944)과 손양원 목사님(1902-1950)은 진리와 사랑을 위해 십자가의 길, 순교자의 길을 가신 신앙의 큰 모델이십니다. 참된 영적지도자들이십니다.

침례와 성찬

침례와 성찬은 매우 영광스럽지만 한편으로 두렵고 떨리는 거룩한 예식입니다. 침례(세례)는 예수 안에 죽음과 부활을 상징하는 예식입니다, 물속에 들어갔다가 다시 나옴으로 새로운 천국 백성의 삶을 살게 된다는 거룩한 예식입니다.

롬6:3-4, "무릇 그리스도 예수와 합하여 침례를 받은 우리는 그의 죽으심과 합하여 침례를 받은 줄을 알지 못하느냐 그러므로 우리가 그의 죽으심과 합하여 침례를 받음으로 그와 함께 장사되었나니 이는 아버지의 영광으로 말미암아 그리스도를 죽은 자 가운데서 살리심과 같이 우리로 또한 새 생명 가운데서 행하게 하려 함이라"

그리고 성찬은 예수님의 찢기신 몸과 피를 기념하는 것으로 예수님께서 친히 명하신 거룩한 예식입니다. 예수님과 한 몸, 한 마음이 되어 영원히 함께 죽고 함께 사는 것을 의미합니다.

요6:53-55, "예수께서 이르시되 내가 진실로 진실로 너희에게 이르노니 인자의 살을 먹지 아니하고 인자의 피를 마시지 아니하면 너희 속에 생명이 없느니라 내 살을 먹고 내 피는 마시는 자는 영생을 가졌고 마지막 날에 내가 그를 다시 살리리니 내 살은 참된 양식이요 내 피는 참된 음료로다"

바울의 고난

신약의 인물가운데 바울은 참 특별합니다. 신약성경 27권 중 13권을 기록했습니다. 히브리서도 바울의 영향을 받았다고 말합니다. 그런 바울에게 고난이 있었습니다.

고후11장에 바울의 고난이 나옵니다.

"…내가 수고를 넘치도록 하고 옥에 갇히기도 더 많이 하고 매도 수없이 맞고 여러분 죽을 뻔하였으니 유대인들에게 사십에 하나 감한 매를 다섯 번 맞았으며 세 번 태장으로 맞고 한 번 돌로 맞고 세 번 파선하고 일 주야를 깊은 바다에서 지냈으며 여러 번 강의 위험과 강도의 위험과 이방인의 위험과 시내의 위험과 광야의 위험과 바다의 위험과 거짓 형제 중의 위험을 당하고 또 수고하고 애쓰고 여러 번 자지 못하고 주리며 목마르고 여러 번 굶고 춥고 헐벗었노라"(고후11:23-27)

지독한 고생입니다. 왜? 무엇 때문에 그럴까요?

결국 복음과 교회, 하나님 나라를 위해 로마에서 순교합니다. (A.D. 65-67) 참된 신앙생활은 광야의 시간들, 아픔과 고난을 통한 십자가와 만남이 있었음을 기억합니다.

큰 환난 속에서

天將降大任於是人也(천장강대임어시인야)

하늘이 장차 사람에게 큰일을 맡기려 할 때는

必先苦其心志(필선고기심지)

반드시 먼저 그의 마음과 뜻을 흔들어 고통스럽게 하고,

勞其筋骨(노기근골)

그 힘줄과 뼈를 고단하게 하고

餓其體膚(아기체부)

배를 굶주리게 하고

空乏其身(공핍기신)

생활을 궁핍하게 만들어

行拂亂其所爲(행불란기소위)

그가 하고자 하는 일을 어지럽게 하나니

所以動心忍性(소이동심인성)

그것은 타고난 성품을 인내로써 연단하여

曾益其所不能(증익기소불능)

해내지 못하던 일을 능히 감당할 수 있게 하기 위함이다.

맹자의 이야기입니다. 솔로몬도 이야기합니다.

잠17:3 "도가니는 은을 풀무는 금을 연단하거니와 야훼는 마음을 연단

하시느니라”

하늘은, 하나님은 사람들의 마음을 연단하여 사용합니다. 참 고통스럽고 괴로운 일입니다.

고후1:8-9 “…자기를 의지하지 말고 오직 하나님만 의지하게 하심이라”

한(恨), 억울하다!

'한(恨) 치유'라는 프로그램에 참석했습니다. 특별히 한국인의 정서 속에, 개인적으로, 민족적으로 왠지 마음 깊숙이 스며있는 말이 한(恨)이라는 단어입니다. 어디서 시작했는지는 모르지만 은연중에 감추어진 또 하나의 아련한 아픔이요, 슬픔입니다. 치유와 회복을 경험하고 학문적으로 어떻게 정리를 했는가? 궁금했습니다. 김중호 교수님(크리스찬치유상담연구원장)께서 한(恨)을 이렇게 설명합니다.

정한(情恨), 가느다랗게 정의 끝자락에 임하는 슬픈 감정

통한(痛恨), 굵직하며 짧게 다가오는 큰 고통의 감정

원한(怨恨), 서러움과 억울함, 보복의 감정

회한(悔恨), 지난 시간들 속에 다가오는 후회의 감정

허한(虛恨). 덧없고 허무한 감정

해한(解恨), 해결된 부정적인 감정

여한(餘恨), 여전히 남아있는 슬픈 감정

마지막에 여한(餘恨)이란 말에 미련이 남습니다. 깊은 상처의 흔적은 여전히 마음에 남아 있습니다. 남은 한(恨)은 안고 사는 것이라 말씀합니다. 아픔 속에서 성숙하는 것 같습니다. 그러나 한(恨)은 치유되고 회복되어야 할 부정적인 감정들입니다. 가만히 예수님의 십자가를 생각해봅니다. 만왕의 왕이요, 만주의 주시오, 전능하신 하나님이시면서 십자가의 죽으신 예수님의 마음은 어땠을까? 억울함으로 따지면 인류의 역사가운데 예수님만큼 억울한 사람이 있을까?

주여, 간절히 기도합니다

주여, 간절히 기도합니다.
날마다 구원받는 사람들이 많아지게 하옵소서
천국백성들이 많아지게 하옵소서
불신앙과 불순종의 죄를 용서하시고
믿음과 순종의 삶을 살게 하옵소서
십자가의 보혈로 덮으소서
말씀과 성령이 충만한 삶이 되게 하옵소서
계속적인 치유와 축복, 자유가 임하게 하옵소서
은혜와 평강으로 인도하소서
더욱더 예수님을 사랑하고 더욱더 예수님을 닮아가고
더욱더 예수님을 전하는 생활이 되게 하옵소서
특별히 한국교회와 세계교회가
성령 안에서 하나가 되고 새롭게 부흥하게 하옵소서
대한민국이 믿음의 나라, 복음의 나라,
거룩한 제사장 나라가 되게 하옵소서
비핵화가 이루어지고 평화로운 세상이 되게 하옵소서
예수 그리스도 이름으로 기도드립니다. 아멘

2018. 3. 28. 교회에서

3.

끊을 수 없는 사랑

끊을 수 없는 사랑

롬8:38-39, "내가 확신하노니 사망이나 생명이나 천사들이나 권세자들이나 현재 일이나 장래 일이나 능력이나 높음이나 깊음이나 다른 어떤 피조물이라도 우리를 우리 주 그리스도 예수 안에 있는 하나님의 사랑에서 끊을 수 없으리라"

십자가의 사랑은 끊을 수 없는 영원한 사랑입니다. 천국까지 가는 사랑입니다. 부부의 사랑도, 자녀들과의 사랑도, 부모와의 사랑도, 친구들과 사랑도, 존경하는 선생님들, 고마운 사람들과 사랑도 이 땅에서

다 끊어집니다. 그러나 십자가의 사랑은 영원부터 영원까지 함께 합니다. 참 놀라운 사랑입니다. 고마운 사랑입니다. 평생 잊지 못할 사랑입니다.

십자가를 자랑하라!

빌리그래함 목사님(1918-2018)은 세계적인 부흥사입니다. 1973년 여의도광장에서 320만 명이 참석한 대규모집회를 인도하십니다. 한국교회의 연합과 새로운 부흥의 불길을 일으킵니다. 빌리그래함 목사님께서 평생에 마음에 담고 좋아하신 말씀이 있다고 합니다.

갈6:14, "그러나 내게는 우리 주 예수 그리스도의 십자가 외에는 결코 자랑할 것이 없으니 그리스도로 말미암아 세상이 나를 대하여 십자가에 못 박히고 내가 또한 세상을 대하여 그러하니라"

바울은 십자가외에 자랑할 것이 없다고 고백합니다. 종종 나를 자랑하고 싶습니다. 예수 안에서도 속으로 나를 자랑하고 싶습니다. 자기과시와 자기 영광이 있습니다. 성경은 참된 자랑을 예레미야 선지자를 통해 말씀합니다.

렘9:23-24, "야훼께서 이와같이 말씀하시되 지혜로운 자는 그의 지혜를 자랑하지 말라 용사는 그의 용맹을 자랑하지 말라 부자는 그의 부함을 자랑하지 말라 자랑하는 자는 이것으로 자랑할지니 곧 명철하여 나를 아는 것과 나 야훼는 사랑과 정의와 공의를 땅에 행하는 자인 줄 깨닫는 것이라 나는 이 일을 기뻐하노라 야훼의 말씀이니라"

사랑장

"사랑장"이라 불리는 고린도전서 13장은 이렇게 시작합니다.
"내가 사람의 방언과 천상의 말을 할지라도 사랑이 없으면 소리나는 구리와 울리는 꽹과리가 되고 내가 예언하는 능력이 있어 모든 비밀과 모든 지식을 알고 또 산을 옮길 만한 모든 믿음이 있을지라도 사랑이 없으면 내가 아무 것도 아니요 내가 내게 있는 모든 것으로 구제하고 또 내 몸을 불사르게 내줄지라도 사랑이 없으면 내게 아무 유익이 없느니라… 그런즉 믿음, 소망, 사랑 이 세 가지는 항상 있을 것인데 그 중의 제일은 사랑이라"
매우 부담스럽고 어려운 말씀입니다. 사람들은 남녀 간의 에로스 사랑을 많이 생각합니다. 영화, 드라마, 소설, 예술도 그렇습니다. 그러나 사랑에는 아가페(하나님) 사랑, 스톨케(부모) 사랑, 필레오(친구) 사랑도 있습니다. 성경에 말하는 사랑은 하나님의 아가페 사랑입니다. 물론 이 땅에 살면서 에로스, 스톨케, 필레오 사랑도 필요합니다. 그러나 불완전합니다. 오직 아가페 사랑만이 영원하고 완전합니다. 그리스도 예수 안에서, 성령 안에서 서로 존중하고 사랑하며 살았으면 좋겠습니다. "세상에서 가장 중요한 것이 무엇일까요?" "사랑이지요!"

외국인선교사묘원에서

서울특별시 마포구 합정동 144번지에 양화진외국인선교사묘원이 있습니다. 복음과 교회, 대한민국의 미래와 학교, 병원설립에 큰 영향을 주었던 사람들입니다. 좁은 길을 간 사람들입니다.

"나는 웨스트민스터 성당에 묻히기보다 한국 땅에 묻히기를 원하노라."
Homer B. Hulbert (1863-1949)

"하나님의 아들이 나를 사랑하시고 나를 위해 자신을 주셨다."
John W. Heron (1859-1890)

"내가 조선인의 가슴에 청진기를 댈 때 언제나 나의 청진기도 그들의 심장 소리와 함께 두근거렸다. 나는 아직도 조선을 사랑한다."
William James Hall (1860-1894), Rosetta Sherwood Hall (1865-1951), Sherwood Hall (1893-1991)

"하나님께 죽도록 충성을 다 하였습니다."
Walter Virgil Johnson (1874-1903)

"만일 내게 천의 생명이 주어진다 해도 그 모두를 한국에 바치리라."

Ruby Rachel Kendrik (1883-1908)

"친구를 위하여 자기 목숨을 버리면 이보다 큰 사랑은 없다."

Anders Kristian Jensen (1897-1956)

"내가 조선에서 헌신하였으니 죽어도 조선에서 죽는 것이 마땅하다."

Josephine Eaton Peel Campbell (1853-1920)

"날이 새이고 흑암이 물러갈 때까지."

Dalzell A. Bunker (1853-1932)

우리는 복음에 빚진 자들입니다. 함께 전 세계에 십자가의 복음을 전하는 삶이어야 합니다.

27세, 토마스 선교사

최초의 개신교 선교사요 순교자는 27세의 토마스 선교사(Robert Jermain Thomas, 1840-1866)입니다. 영국 웨일즈에서 목사의 아들로 태어났습니다. 중국 상해에서 아내 캐롤라인은 병으로 세상을 떠납니다. 1866년 9월 2일, 대동강을 건너 조선 평양에 들어옵니다. 그러나 한 사람에게도 복음을 전하지도 못하고 목이 베여 죽습니다. 다만 죽기 전에 품에 안고 있던 성경책을 칼로 죽인 박춘권이라는 관원에게 전합니다. 놀랍게도 훗날 박춘권은 회개하고 평양교회 장로가 됩니다. 그리고 박춘권이 준 성경책을 벽지로 사용했던 영문주사 박영식의 집은 널다리 교회가 되었습니다. 토마스 선교사의 피는 평양에서 1907년 대부흥성회로 이어집니다. 한국교회에 성령의 새바람이 불게 됩니다. 교회는 피의 복음으로 세워진 것입니다.

행20:28, "성령이 그들 가운데 여러분을 감독자로 삼고 하나님이 자기 피로 사신 교회를 보살피게 하셨느니라"

참고문헌
『한국기독교회사』민경배
『세계기독교회사』윌리스턴 워커

No Cross, No Crown

메마른 사막과 광야에 꽃을 피고 향기를 내는 무명의 선교사들이 있습니다. 오직 영원한 생명과 하나님 나라를 위해 청춘과 사랑과 꿈을 다 쏟습니다. 깊은 눈물과 희생과 고난의 길입니다. 50도의 무더운 아프리카 투루카나의 임연심선교사, 탄자니아의 김영순 선교사는 묵묵히 예수복음을 전하시다 홀로 병상에서 천국에 가십니다. I국에서 가난하고 배고픈 사람들, 어린이들, 학생들을 섬기며 30여 년을 선교사역 하시는 베드로라 선교사, 우크라이나에서 전쟁난민들을 위해 선교활동 하시는 김용만 선교사와 김미정 선교사, 김복희 선교사, 루마니아의 채정기 선교사, 캄보디아 황신 선교사와 조재영 선교사, 아프리카의 임은미 선교사와 김종호 선교사, 미얀마의 김병천 선교사, 인도네시아의 한치완 선교사, 말레이시아 오병철 선교사…. 보석처럼 빛나는 하나님 나라 일꾼들입니다. 한국 선교사님들은 세계 167개국에 22,210명이 활동하고 있습니다. (한국세계선교협의회, 2021한국선교현황보고)
No Cross No Crown의 삶을 사시는 분들입니다. 예수제자의 길을 가는 분들입니다.

처음사랑을 회복하라!

2007년 8월에 처음으로 이스라엘성지순례를 하였습니다. 27일, 예수님탄생기념교회를 방문하게 되었습니다. 설렘과 경건한 마음으로 교회 안에 들어갔는데 마음에 분명하게 두 번의 음성이 들립니다. "처음사랑을 회복하라! 처음사랑을 회복하라!" 이 말씀은 요한계시록에 에베소교회에 명하신 주님의 말씀인데… 깊이 생각하며 순례의 시간을 보냈습니다. 예수님께서는 에베소교회가 처음사랑을 버렸다고 책망합니다. 그리고 회개하여 처음행위를 가지라고 권면합니다. 우리 모두는 처음 사랑, 처음으로 돌아가야 합니다. 복음의 본질에 충실한 신앙생활이어야 합니다. 본질은 무엇입니까? 십자가에 죽으시고 부활하신 예수입니다. 예수그리스도를 향한 순수한 사랑입니다. 하나님 나라와 영광을 위하여 천국 갈 때까지 십자가의 사랑으로 선교하고 구제하는 것입니다.

계2:4-5, "그러나 너를 책망할 것이 있나니 너의 처음 사랑을 버렸느니라 그러므로 어디서 떨어졌는지를 생각하고 회개하여 처음행위를 가지라 만일 그리하지 아니하고 회개하지 아니하면 내가 네게 가서 네 촛대를 그 자리에서 옮기리라"

용서는 과정입니다!

"용서를 공부하니 용서가 돼?" 광주순복음교회를 섬기시는 한상인 목사님의 질문에 마음이 움찔했습니다. 용서는 어려운 것 같습니다. 참된 용서는 각자가 오직 십자가의 피 흘려 죽으신 예수를 만나야 합니다. 오직 십자가의 보혈을 통해서만 참된 용서가 가능합니다. 영원한 용서를 할 수 있습니다. 내 힘으로 하는 용서가 아닙니다. 십자가의 보혈의 힘과 사랑으로 참된 용서가 일어납니다. 치유와 회복이 임합니다. 갑자기 내 안에 과거의 고통스런 기억이 나면 부르르 떨립니다. 여전히 치밀어 오르는 분노와 증오, 미움이 있습니다. 용서가 잘 안됩니다. 그래서 때때로 "용서는 과정입니다!"라는 말이 가슴에 와닿습니다. 마18:21-22, "그 때에 베드로가 나아와 이르되 주여 형제가 내게 죄를 범하면 몇 번이나 용서하여 주리이까 일곱 번까지 하오리이까 예수께서 이르시되 네게 이르노니 일곱 번뿐 아니라 일곱 번을 일흔 번까지라도 할지니라"

참고문헌
『용서의 미학』루이스 스미디스
『용서치료』로버트 엔라이트·리처드 피츠기번스
『용서는 선택이다』로버트 엔라이트

나를 살리고 가정을 살리고

가화만사성(家和萬事成) 집안이 화목하면 모든 일이 다 잘되어 나간다는 뜻입니다. 중국춘추전국시대 사상가인 공자(孔子·B.C. 551-479)의 글모음인 논어(論語) 대학(大學)과 명심보감(明心寶鑑) 치가(治家)편에 나옵니다. 그런데 알고 소망하는데 현실은 화목하지 못할 때가 참 많습니다. 인류역사가 남성중심의 가부장적 가족문화입니다. 특히 여성들은 그저 꾹 참고 살 때가 많습니다. 치료와 회복이 필요합니다. 치유하는 교회를 섬기시는 김의식 목사님은 대부분 가정의 문제는 돈과 Sex라고 말합니다. 참 솔직하다 생각하면서 아집과 고집, 자아 문제를 말씀드렸습니다. 좋아서 관심과 사랑 속에 결혼하는데 현실은 때때로 매우 지치고 힘듭니다. 불신앙과 불순종의 영적인 문제, 아픔과 상처로 왜곡된 정신적인 문제, 건강과 경제적인 문제 등이 있습니다. 가장 가까운 이웃이 가족입니다. 자기 자신입니다. 부부입니다. 그래서 정태기 목사님은 "나를 살리고 가정을 살리고 교회를 살리고 민족을 살리자" 큰 사명으로 크리스찬치유상담연구원과 치유상담대학원대학교를 설립하셨습니다.

예수님께서 말씀합니다. "원수가 자기 집안 식구니라"

참 고통스럽고 감추고 싶은 괴로운 충고입니다. 거룩하신 십자가의 보혈로 고침 받고 치료 받아 "천국 같이 행복한 가족과 집안 식구들"로 변해야 합니다.

추천도서

『숨겨진 상처의 치유』정태기

『치유목회이야기』김의식

『상처입은 치유자』헨리나우엔

함께 웃고 함께 울고

"우크라이나를 위해 계속 기도해 주세요."

"건물은 파손돼도 괜찮아요, 제발 살아만 있었으면….
다시 시작할 수 있으니까"

지난5월 세계선교대회에서 우크라이나에서 선교활동을 하는 친구선교사의 간절한 고백입니다. 결국 참았던 울음을 터뜨립니다. 웃음과 농담이 많은 친구였는데… 말수가 적어졌습니다. 다시고통과 슬픔 가운데 있는 우크라이나의 수많은 실향민과 난민들을 위해 떠났습니다. 유엔난민기구(UNHCR)는 전세계에 7,080만 명 이상의 난민들과 보호 대상자가 있다고 보고합니다. (2019) 정치, 종교적 박해로, 경제의 문제로 조국을 떠나 방황하는 불쌍한 이웃들입니다. 가족과 미래를 위해 이 땅에 와서 일하는 300만의 외국인 노동자들이 있습니다. 생존과 자유를 위해 목숨을 걸고 탈출한 3만 5천 명의 탈북민들이 있습니다. 사연이 많은 안타까운 이웃들입니다. 긍휼히 여겨야 합니다. 이해하고 존중해야 합니다. 함께 살아가는 세상에서 중요한 것은 사람들의 생명입니다. 생명을 살리는 일에 주어진 시간과 돈, 재능을 잘 사용해야 합니다. 조금씩 섬기고 나누는 삶이어야 합니다. 함께 웃고 함께 우는 삶이어야 합니다.

롬12:15, "즐거워하는 자들과 함께 즐거워하고 우는 자들과 함께 울라"

출22:21-22, "너는 이방 나그네를 압제하지 말며 그들을 학대하지 말라 너희도 애굽 땅에서 나그네였음이라 너는 과부나 고아를 해롭게 하지 마라"

제5장

예수는 부활하셨습니다

죽음의 문제 · 부활이요, 생명이니 · 영원한 삶

1.

죽음의 문제

죽음 앞에서

"메멘토 모리"(Memento mori) 죽음을 기억하라는 말입니다.

겸손히 살라는 의미입니다.

스위스 출신의 미국정신과 의사인 엘리자베스 퀴블러 로스(Elisabeth Kübler-Ross, 1926-2004)가 있습니다. 『죽음과 죽어감』이란 책에서 죽음의 5단계를 이야기합니다.

부정(Denial), 분노(Anger), 협상(Bargaining), 우울(Depression), 수용(Acceptance)입니다.

일반적으로 죽음은 어둠과 절망입니다. 모든 인간은 반드시 죽음을 맞이합니다. 어쩔 수 없습니다. 피할 수 없습니다. 그리고 죽음 앞에서 아무것도 필요가 없습니다. 자아, 돈, Sex, 건강, 권력, 학식, 예술, 가족…. 엄숙한 시간입니다. 덧없는 시간입니다. 하지만 구원받은 하나님의 사람들에게는 영원한 평화의 시간입니다. 감사한 시간입니다. 새로운 영광의 시간입니다. 특히 죽음 앞에서 지적 교만과 영적교만은 아무 의미가 없습니다.

『지성에서 영성으로』라는 책을 쓰신 이어령 교수님의 제목과 글은 깊은 의미가 있습니다.

추천도서
『죽음 인문학』황명환

오직예수!

죽음은 미지의 세계입니다. 혼자만의 시간입니다. 두렵고 떨립니다.
어떻게 해야 합니까? 부활이요, 생명이신 예수를 믿어야 합니다.
행16:31, "주 예수를 믿으라 그리하면 너와 네 집이 구원을 받으리라"
벧전1:8-9, "예수를 너희가 보지 못하였으나 사랑하는도다 이제도 보
지 못하나 믿고 말할 수 없는 영광스러운 즐거움으로 기뻐하니 믿음의
결국 곧 영혼의 구원을 받음이라"
믿음의 결국 영혼의 구원을 받습니다. 영광의 나라에 들어갑니다.
마지막 죽음 앞에서 누구를 생각해야 합니까? 누구를 바라보아야 합
니까? 누구를 의지해야 합니까? 십자가에 죽으시고 부활하신 예수그
리스도를 생각하고 바라보고 의지해야 합니다.
"내 구주 예수를 더욱 사랑"은 아름다운 찬양입니다. 3절의 가사입니다.
이 세상 떠날 때 찬양하고 숨질 때 하는 말 이것일세
다만 내 비는 말 내 구주 예수를 더욱 사랑 더욱 사랑

세상 끝 날까지

최고의 기쁨은 "임마누엘"입니다. 가장 큰 지혜입니다. 가장 큰 힘입니다.
죽음 앞에서 두려워하지 않고 평화로울 수 있는 것은
천국 가는 그 날까지 함께 하시는 예수님의 약속의 말씀 때문입니다.
마28:20, "내가 세상 끝 날까지 너희와 항상 함께 있으리라"
이 땅에서 강하고 담대하게 살 수 있는 이유는 주님께서 함께 하시기
때문입니다.
시23:4, "내가 사망의 음침한 골짜기로 다닐지라도 해를 두려워하지
않을 것은 주께서 나와 함께 하심이라 주의 지팡이와 막대가 나를 안
위하시나이다"

종교란?

죽음 너머의 삶은? 천국과 지옥은 있는가? 과연 신은 존재하는가?

신에 대한 경외심이 종교를 만듭니다.

종교 심리학자 류바(James Leuba, 1868-1946)는 종교의 정의를 다섯 가지로 말합니다.

1) 신비하고 거룩한 것에 의해 야기된 감정이나 태도

2) 삶의 의미에 대하여 탐구하며 무엇이 가장 가치 있는 것인가를 확정하려는 추구

3) 삶에 힘을 갖게 하는 초인적 존재에 대한 믿음

4) 인류의 복지에 대한 헌신

5) 영적세계의 실재를 내포하는 경험

세상에는 많은 종교가 있습니다. 종교의 역사는 인류의 역사와 함께 합니다. 그리고 종교의 자유가 있습니다. 하지만 종교는 구원에 이르지 못합니다. 죄의 문제, 죽음의 문제를 해결하지는 못합니다. 중요한 것은 하나님은 종교가 아닙니다. 삶입니다. 영적인 분별이 필요합니다.

시96:5, "만국의 모든 신들은 우상들이지만 야훼께서는 하늘을 지으셨음이로다"

참고문헌

『세계의 종교이야기』김영선

전쟁은 무섭습니다!

러시아의 우크라이나 침공으로(2022. 2. 24.) 평화가 깨어졌습니다. 수많은 청년들이 전쟁에서 꽃을 피어 보지 못 하고 죽습니다. 수많은 여성들이 고통을 당합니다. 어린 아이들이 불쌍한 고아로 살게 됩니다. 재산, 건물, 문화…. 모든 것이 파괴됩니다. 무엇보다 소중한 생명들이 사라집니다. 인류역사의 오랜 왕조시대부터, 제1차, 2차 세계대전으로, 아메리카에서, 아시아에서, 아프리카에서, 유럽, 중동에서, 한국전쟁으로 크고 작은 전쟁으로 수많은 사람들이 죽었습니다. 몇몇 악한 독재 정치지도자들과 주변의 간사하고 교활한 사람들의 영향입니다. 탐욕과 교만한 사람들이 문제입니다. 역사를 통해 배웁니다. 전쟁은 무서운 일입니다. 전쟁은 하나님의 뜻이 아닙니다. 인간의 탐욕과 교만입니다. 특히 권력에 취한 악한 독재자들과 배후의 악한 영들의 영향입니다. 전쟁을 주관하시는 전능하신 하나님께 회개하며 기도하는 인생이어야 합니다. 함께 평화를 위해 깨어 있는 삶이어야 합니다. 성경은 말씀합니다.

엡6:11-12, "마귀의 간계를 능히 대적하기 위하여 하나님의 전신갑주를 입으라 우리의 씨름은 혈과 육을 상대하는 것이 아니요 통치자들과 권세들과 이 어둠의 세상 주관자들과 하늘에 있는 악의 영들을 상대함이라"

세 딸의 죽음

누가복음8장에 회당장 야이로의 죽어 가는 딸 이야기가 나옵니다. 한국중앙교회를 섬기시는 임석순 목사님의 "나의 세 딸이 죽어가고 있습니다!"라는 설교를 듣게 되었습니다. 목사님은 비유적으로 자신에게 세 명의 딸이 있다고 말씀합니다. 첫째 딸은 나라, 둘째 딸은 교회, 셋째 딸은 다음세대입니다. 가만히 저도 생각해 봅니다. 첫째, 나라와 민족을 생각하며 국민성경, 국민경제, 국제관계를 생각합니다. 둘째, 교회를 생각할 때면 목회자들과 신학교육을 생각합니다. 셋째, 다음세대를 생각할 때는 부부와 가정회복, 학교를 생각합니다.

회당장 야이로의 딸은 예수님을 만남으로 살아납니다. 다시금 새롭게 십자가에 죽으시고 부활하신 예수님을 만나 치료되고 회복되어 살아나는 나라와 민족이요, 교회들이요, 가정과 다음세대가 되길 소망합니다.

인생은 선물입니다!

『인생은 선물이다』란 책에서 조정민 목사님께서 말씀합니다.

"돌아갈 곳이 있으면 인생은 여행이고 돌아갈 곳이 없으면 인생은 방황이다"

인생은 어린 시절(태아-10세), 학생 시절(10-20세), 청년 시절(20-30세, 취업, 결혼), 중년(30-50세, 직장, 주택, 자녀양육), 장년(50-70세, 직장, 취미), 노년(70세-죽음)입니다. 예외적인 상황도 있지만 대략 이렇게 살다가 죽는 것 같습니다. 풀과 같은 인생길입니다.

시편에서 모세는 이야기합니다. "우리의 연수가 칠십이요 강건하면 팔십이라도 그 연수의 자랑은 수고와 슬픔뿐이요 신속히 가니 우리가 날아가나이다."(시90:10)

아름다운 추억도 있지만 고통스럽고 슬픈 기억도 있습니다. 고맙고 그립고 좋은 만남도 있었지만 속상하고 안타까운 만남도 있었습니다. 오늘도 여전히 시간은 흐르고 건강도 어린 시절, 청년 시절 같지는 않습니다. 어떻게 살아야 할까요?

전12:13, "일의 결국을 다 들었으니 하나님을 경외하고 그의 명령을 지킬지어다 이것이 모든 사람의 본분이니라"

건강하세요!

"건강하세요~" 중국우한에서 시작한 코로나19를(2019. 11.) 2년이 넘게 지나면서 많이 들었던 말입니다. 사람들은 영원히 또는 건강하게 오래 살고 싶어 합니다. 성경에 오랫동안 장수한 사람들이 있습니다. 창세기 5장에 나오는 사람들입니다. 아담은 몇 살까지 살았을까?

930세까지 삽니다. 셋(912) 에노스(905), 게난(910), 마할랄렐(895), 야렛(962), 므두셀라(969), 라멕(777), 노아(950, 창9:29)…. 에녹은 죽지 않고 천국에 갑니다. (창5:21-24)

정말인가? 의심이 들 때가 있습니다. 성경이 참된 기록이니까 진짜입니다. 그런데 영원히 살지는 못했습니다. 결국 죽었습니다. 사람들의 죄악으로 수명이 줄어듭니다.

창6:3, "야훼께서 이르시되 나의 영이 영원히 사람과 함께 하지 아니하리니 이는 그들이 육신이 됨이라 그러나 그들의 날은 백이십년이 되리라 하시니라"

120세까지 삽니다. 그리고 차츰차츰 70-80세로 줄어듭니다.

험악한 세월을 보내었나이다!

야곱의 130년 인생의 고백입니다. 4천 년이 지난 지금도 여전히 수많은 사람들이 험악한 인생을 살아갑니다. 생존을 위해, 가족과 이웃을 위해, 마음에 깊은 크고 작은 아픔과 상처를 안고 그저 미소 짓고 살아갑니다. 주님의 본심이 아닙니다. 건강하고 행복하게 사는 것이 주님의 본심입니다. 잃어버린 에덴의 행복을 회복하기 위해서 예수님께서 십자가에 피 흘려 죽으시고 부활하신 것입니다. 각자의 성공과 행복, 만족을 위해 열심히 살아갑니다. 왜 사는가?

심리학자 매슬로우(1908-1970)는 인간의 5단계 욕구를 말합니다.

1) 생리적인 욕구 2) 안전의 욕구 3) 사랑과 소속의 욕구 4) 존경의 욕구 5) 자아실현의 욕구

마지막은 자아실현입니다. 자기 존재의미, 자기 의입니다. 결국 죽습니다. 죽음의 문제를 해결하지 못합니다. 자기 자신과 하나님과의 기나긴 싸움입니다.

애3:32-33, "그가 비록 근심하게 하시나 그의 풍부한 인자하심에 따라 긍휼히 여기실 것임이라 주께서 인생으로 고생하게 하시며 근심하게 하심이 본심이 아니시로다"

아무것도 아닙니다!

일본의 나고야에서 그리스도성서신학교를 섬기시는 마이클 오 목사님이 있습니다. 국제로잔 운동 총재입니다. 하버드대학을 비롯하여 펜실베니아대학, 트리니티신학대학원에서 교육학과, 인류학, 과학, 신학 등 다섯 개의 학위를 받습니다. 세상의 성공과 출세를 내려놓고 역사 속에서 대한민국에 큰 아픔과 상처를 준 일본을 그리스도의 사랑으로, 용서하며 복음을 전합니다.

오직 예수그리스도의 이름만 영원히 기억되고 남기를 사모하며『나는 아무것도 아닙니다』라는 책을 쓰셨습니다. 인간은 소중하면서 여전히 흙입니다. 티끌입니다. 아무것도 아닙니다.

창3:19, "너는 흙이니 흙으로 돌아갈 것이니라"

전3:19-21, "인생이 당하는 일을 짐승도 당하나니 그들이 당하는 일이 일반이라 다 동일한 호흡이 있어서 짐승이 죽음같이 사람도 죽으니 사람이 짐승보다 뛰어남이 없음은 모든 것이 헛됨이로다 다 흙으로 말미암았으므로 다 흙으로 돌아가나니 다 한 곳으로 가거니와 인생들의 혼은 위로 올라가고 짐승들의 혼은 아래 곧 땅으로 내려가는 줄을 누가 알랴"

2.

부활이요, 생명이니

부활의 아침에

"우리는 부활절 아침에 이곳에 왔습니다. 그날 사망의 권세를 이기신 주께서 이 백성을 얽어맨 결박을 끊으사 하나님의 자녀로서의 자유와 빛을 주옵소서. 아멘"

(1885. 4. 5. 아펜젤러 선교사의 제물포 상륙 후 첫 기도문)

1885년 2월 1일에 아펜젤러는 스크랜튼, 언더우드와 함께 부산으로 출발하여 4월 2일에 도착합니다. 아펜젤러는 4월 5일 부활주일에 제물 포항을 통해 입국합니다. 그리고 무릎을 꿇고 기도합니다. 아펜젤러는 1885년 배재학당을 설립하여 한국의 근대화 교육에 이바지 합니다. 그리고 1895년 정동교회를 설립하여 복음과 하나님 나라를 전합니다. 그러다가 1902년 6월 11일 전남 목포에서 모이는 성서번역출판위원회에 참석차 가는 도중에 배가 침몰하는 사고가 납니다. 이때 함께 승선했던 학생을 구하려다 결국 순교합니다. 44세입니다.

부활장

4복음서는 예수님의 부활을 증언합니다.

(마28:1-10, 막16:1-8, 눅24:1-12, 요20:1-10)

마28:5-6, "천사가 여자들에게 말하여 이르되 너희는 무서워하지 말라 십자가에 못 박힌 예수를 너희가 찾는 줄을 내가 아노라 그가 여기 계시지 않고 그가 말씀하시던 대로 살아나셨느니라 와서 그가 누우셨던 곳을 보라"

예수님은 십자가에 피 흘려 죽으시고 부활하셨습니다. 고린도전서 15장은 부활장입니다.

고전15:3-4, "이는 성경대로 그리스도께서 우리 죄를 위하여 죽으시고 장사 지낸 바 되셨다가 성경대로 사흘 만에 다시 살아나사"

바울은 부활이 없다면 헛된 신앙생활이라고 말합니다. 부활의 예수, 부활의 영으로 충만한 사람은 천국에 소망을 두고 변화된 삶을 살게 됩니다.

고전15:51-52, "마지막 나팔에 순식간에 홀연히 다 변화되리니 나팔소리가 나매 죽은 자들이 썩지 아니할 것으로 다시 살아나고 우리도 변화되리라"

부활이요, 생명이니

요11:25-27, "예수께서 이르시되 나는 부활이요 생명이니 나를 믿는 자는 죽어도 살겠고 무릇 살아서 나를 믿는 자는 영원히 죽지 아니하리니 이것을 네가 믿느냐 이르되 주여 그러하외다 주는 그리스도시오 세상에 오시는 하나님의 아들이신 줄 내가 믿나이다"

부활이요 생명이신 예수님의 자기선언과 질문에 마르다의 답변입니다. "믿느냐?" 죽음 후가 참 궁금합니다. 불안과 의심도 있습니다. 결국 믿음입니다.

죽음 앞에서 부활이요, 생명이신 예수님을 향한 믿음이 중요합니다. 희망의 신학자 위르겐 몰트만은 『나는 영생을 믿는다』라고 고백합니다. 부활이요, 생명이신 예수 안에서 희망을 선포합니다. 영원한 생명을 선택합니다. 죽음은 새로운 시작입니다.

부활의 때에는

부활의 때에는 천사들처럼 살게 됩니다. (막12:24-25, 마22:29-30).
마22:29-30, "예수께서 대답하여 이르시되 너희가 성경도 하나님의 능력도 알지 못하는 고로 오해하였도다 부활의 때에는 장가도 아니 가고 시집도 아니 가고 하늘에 있는 천사들과 같으니라"

성경도, 하나님의 능력도 잘 모를 때가 있습니다. 큰 착각과 오해, 영적인 교만 가운데 살 때가 있습니다. 죽고 나서는 육신의 부부, 자녀들, 부모, 형제자매의 모습이 아닙니다. 부활의 때에는 서로가 하늘의 천사들처럼 살게 됩니다. 참 자유로운 영혼입니다. 영원히 아름다운 삶입니다. 하지만 이 땅에서 애틋한 것이 가족과의 만남입니다.

육신의 몸과 영의 몸

하늘의 육체와 땅의 육체가 있습니다.

고전15:39-40, "육체는 다 같은 육체가 아니니 하나는 사람의 육체요 하나는 짐승의 육체요 하나는 새의 육체요 하나는 물고기의 육체라 하늘에 속한 형체도 있고 땅에 속한 형체도 있으나 하늘에 속한 것의 영광이 따로 있고 땅에 속한 것의 영광이 따로 있으니"

하늘에 속한 영광과 땅에 속한 영광이 있습니다. 육의 몸과 영의 몸이 있습니다.

고전15:44, "육의 몸으로 심고 신령한 몸으로 다시 살아나나니 육의 몸이 있은즉 또 영의 몸도 있느니라"

예수의 사람들에게는 부활의 영이 함께 합니다. 신령한 몸입니다. 성경은 말씀합니다.

고전6:19-20, "너희 몸은 너희가 하나님께로부터 받은바 너희 가운데 계신 성령의 전인 줄을 알지 못하느냐 너희는 너희 자신의 것이 아니라 값으로 산 것이 되었으니 그런즉 너희 몸으로 하나님께 영광을 돌리라"

내 몸은 나의 것이 아닙니다. 하나님의 것입니다. 성령의 전입니다. 각자의 마음과 몸을 소중히 여겨야 합니다. 하나님께 영광을 드리는 삶이어야 합니다.

아담과 그리스도

아담과 예수그리스도와의 관계가 궁금했습니다. 아담은 하나님께서 직접 흙으로 만든 사람입니다. 아내 하와도 하나님께서 직접 아담의 갈비뼈로 만들었습니다. 그 후의 자녀들은 성적인 관계 속에서 태어납니다. 그런데 오직 예수는 남자와 여자의 성적인 관계 속에서 태어나지 않습니다. 마리아에게서 성령으로 잉태합니다. 바울은 예수를 마지막 아담이라고 표현합니다.

고전15:45-47, "기록된 바 첫 사람 아담은 생령이 되었다 함과 같이 마지막 아담은 살려 주는 영이 되었나니 그러나 먼저는 신령한 사람이 아니요 육의 사람이요 그 다음에 신령한 사람이니라 첫 사람은 땅에서 났으니 흙에 속한 자이거니와 둘째 사람은 하늘에서 나셨느니라"

아담은 땅의 사람이요, 예수그리스도는 하늘로부터 난 신령한 사람입니다. 처음사람 아담의 범죄로 죽음이 옵니다. 그리고 하늘의 사람 예수그리스도의 부활로 새 삶이 임합니다.

고전15:21-22, "사망이 한 사람으로 말미암았으니 죽은 자의 부활도 한 사람으로 말미암는도다 아담 안에서 모든 사람이 죽은 것 같이 그리스도 안에서 모든 사람이 삶을 얻으리라"

예수님은 언제 오시나요?

예수님이 다시 오신 날은 인류의 종말입니다.

종종 이단들이 종말의 날짜를 이야기합니다.

예수님은 언제 다시 오십니까? 성경은 마24:32-44, 눅21:29-33, 막13:28-37에 말씀합니다.

막13:32-33, "그러나 그날과 그 때는 아무도 모르나니 하늘에 있는 천사들도 아들도 모르고 아버지만 아시느니라 주의 하라 깨어 있으라 그 때가 언제인지 알지 못함이라"

"종말론"에는 전천년설(예수님께서 천 년 전 재림). 후천년설(예수님께서 천 년 후 재림). 무천년설(문자적 천 년 부인)이 있습니다. 중요한 것은 예수께서 언제오시든지 하루하루, 말씀과 성령 안에서 감사 찬양하며, 깨어 기도하며 성실하게 거룩하게 살아가는 것입니다.

살전5:4-6, "형제들아 너희는 어둠에 있지 아니하매 그 날이 도둑같이 너희에게 임하지 못하리니 너희는 다 빛의 아들이요 낮의 아들이라 우리가 밤이나 어둠에 속하지 아니하니니 그러므로 우리는 다른 이들과 같이 자지 말고 오직 깨어 정신을 차릴지라"

참고문헌

『바울의 종말론』게하더스 보스

『깔뱅의 종말론』하이리히 퀴스토르프

지구종말시간표 "100초"

지구종말 시계의 밤 12시는 지구 종말을 상징합니다. 매년 미국의 핵
과학자들의 회보가 핵 위협을 놓고 시간을 결정합니다. 2020년 자정
으로 지구 종말시간은 100초로 결정했습니다.

핵과학자들의 회보(Bulletin of the Atomic Scientists)의 Rachel
Bronson BAS회장이 말합니다. "우리는 세계가 몇 시간 또는 몇 분도
아닌 몇 초만 남았다는 것은 재앙이 얼마나 가까운지를 표현하고 있
다. 우리는 이제 실수나 더 이상의 지연을 위한 여지를 없앤, 절대 용
납할 수 없는 세계정세에 직면해 있다"

핵무기와 기후변화의 위협이 큽니다. 어른들과 노인들은 살 만큼 살
았지만 어린아이들, 청소년들, 청년들은 미래가 있습니다. 다음세대를
생각하며 친자연환경에 관심을 가지고, 비핵화에 협력을 해야 합니다.

천년이 하루 같고

사실 우리는 2천 년, 3천 년 전, 아니 100년 전, 200년 전, 300년 전….
살아 보지 않았던 세상입니다. 최초의 인간 아담과 하와가 살던, 에덴
동산에서 살아 보지 않았습니다. 상상할 뿐입니다. 예수시대를 살아 보
지 않았습니다. 그런데 성경역사와 기록을 신뢰하며 이야기합니다. 어
떻게 가능합니까? 인간에게 주어진 이성과 성령의 도우심 때문입니다.
벧후3:8, "사랑하는 자들아 주께는 하루가 천 년 같고 천 년이 하루 같
다는 이 한 가지를 잊지 말라"

모세도 시편에서 천 년이 한 순간이라고 말합니다.

시90:4, "주의 목전에는 천 년이 지나간 어제 같으며 밤의 한 순간 같을
뿐임이니이다"

사람들의 시간 개념과 하나님의 시간 개념이 전혀 다릅니다. 성령이
임하면 70-80년이 아니라 천 년을 넘어서 생각하게 됩니다. 그리고 성
령이 임하면 믿을 수 있고 조금이나마 이해할 수 있습니다. 성령은 인
류역사와 우주 시공간을 초월하는 전지전능하신 하나님의 영입니다.

영혼의 이야기

"영혼의 이야기"라는 주제로 목회상담자이신 손운산 교수님의 강의를 들었습니다. 따뜻하고 포근한 그리움의 영성을 이야기합니다. 성경은 사람들이 하나님을 그리워하는 노래이며 이야기라 말씀합니다. 현대인들의 삶이 왜 메마를까? 그리움 대신에 욕망이 자리 잡고 있기 때문이라고 지적합니다. 하나님은 그리움의 대상이지 욕망의 대상이 아닙니다. 왜 신앙인들의 삶이 풍성해지지 않는가? 예수님이 그리움의 대상이 아니라 욕망의 대상으로 변질되었기 때문이라 말씀합니다. 성령을 그리워하지 않고 성령의 능력만 소유하려 하기 때문이라고 안타까워합니다. 욕망을 추구하는 자들이 자기신격화를 통해 교주와 이단이되고 가정과 사회, 국가, 세계를 파괴한다고 말씀합니다. 그리스도를 향한 순수한 그리움의 영성이 회복되길 소망합니다.

참고문헌
『따뜻한 경험 흐뭇한 이야기』 손운산

3.

영원한 삶

천국과 지옥

누가복음16장에 부자와 거지 나사로 이야기가 있습니다.

세월은 흐르고 나이는 들고 죽음을 맞이합니다. 나사로는 천사들에게 인도함을 받아 아브라함의 품에, 천국에 갑니다. 부자는 불꽃이 타오르는 음부로, 지옥으로 들어갑니다. 예수님께서 천국과 지옥을 말씀합니다.

마8:11-12, "또 너희에게 이르노니 동서로부터 많은 사람이 이르러 아브라함과 이삭과 야곱과 함께 천국에 앉으려니와 그 나라의 본 자손들은 바깥 어두운 데 쫓겨나 거기서 울며 이를 갈게 되리라"

바울도 하늘의 영원한 집을 말합니다.

고후5:1, "만일 땅에 있는 우리의 장막집이 무너지면 하나님께서 지으신 집, 곧 손으로 지은 것이 아니요 하늘에 있는 영원한 집이 우리에게 있는 줄 아느니라"

장례를 치르며 경험합니다. 천국의 가신 분들의 모습이 참 아름답고 평온합니다. 이 땅에서 재물과 학벌, 권력, 명예, 인기, 외모를 필요하고 요구합니다. 그러나 천국에서는 부족하고 연약해도 예수믿음의 사람들을 환영합니다. 아브라함과 이삭과 야곱과 함께 천국에서 영원히 살아야 합니다. 천국의 사람들이 많아져야 합니다.

추천도서

『천국의 풍경이 되어 주세요』 김상숙

영원한 삶

예수님이 이 땅에 오신 이유는 영원한 생명을 위해서입니다.

영혼구원이 가장 중요합니다.

요3:16, "하나님이 세상을 이처럼 사랑하사 독생자(예수)를 주셨으니 이는 그를 믿는 자마다 멸망하지 않고 영생을 얻게 하려 하심이라"

예수께서 십자가에 피 흘려 죽으시고 부활하신 것도 사람들의 영원한 생명을 위해서입니다. 성경을 주신 근본적인 목적도 영원한 삶을 위해 서입니다. 영원을 사모하며 살아야 합니다.

요5:39, "너희가 성경에서 영생을 얻는 줄 생각하고 성경을 연구하거 니와 이 성경이 곧 내게 대하여 증언하는 것이니라"

사람들에게는 영혼의 빈자리가 있습니다. 그 누구도, 그 무엇으로도 채울 수 없는 허전함입니다. 절대 고독, 절대 슬픔입니다. 오직 영혼의 목자이신 예수님만이 채웁니다.

전3:11, "하나님이 모든 것을 지으시되 때를 따라 아름답게 하셨고 또 사람들에게는 영원을 사모하는 마음을 주셨느니라 그러나 하나님이 하시는 일의 시종을 사람으로 측량할 수 없게 하셨도다"

거룩한 성, 예루살렘

천국, 거룩한 성 예루살렘이 있습니다.

성령께서 택한 주의 백성들을 데리고 갑니다.

계21:10-12, "성령으로 나를 데리고 크고 높은 산으로 올라가 하나님께 로부터 하늘에서 내려오는 거룩한 성 예루살렘을 보이니 하나님의 영 광이 있어 그 성의 빛이 지극히 귀한 보석같고 벽옥과 수정같이 맑더라"

보석처럼 찬란하게 빛나고 수정처럼 맑고 깨끗한 곳입니다.

계21:21, "그 열두 문은 열두 진주니 각 문마다 한 개의 진주로 되어 있 고 성의 길은 맑은 유리 같은 정금이더라"

열두 진주 문이 아름답게 있습니다, 황금 길입니다.

계22:1-2, "또 그가 수정같이 맑은 생명수의 강을 내게 보이니 하나님 과 및 어린 양의 보좌로부터 나와서 길 가운데로 흐르더라 강 좌우에 생명나무가 있어 열두 가지 열매를 맺되 달마다 그 열매를 맺고 그 나 무의 잎사귀들은 만국을 치료하기 위하여 있더라"

생명수 강이 흐릅니다. 눈물이 없고 사망이 없고 애통하는 것, 곡하는 것, 아픈 것이 있지 않습니다. 참 아름답고 영광스런 곳입니다. 저와 여러분이 돌아갈 영원한 집입니다.

본향을 사모하며

1960-1970년대 독일에서 광부와 간호사로 일하신 분들이 계십니다. 참 힘들고 고달팠던 시간들입니다. 작년 12월에 해병으로 베트남전쟁까지 참여했던 서병수 집사님의 유골이 독일에서 국립대전현충원으로 왔습니다. 국민들과 국가를 위해 순직하신 수많은 군인들의 묘지를 보며 마음이 아팠습니다. 항상 그리워했던, 오고 싶어 했던 고향과 고국 땅에 묻히셨습니다. 그런데 성경은 또 다른 영원한 고향, 영원한 나라가 있다고 말씀합니다.

히11:13-16, "이 사람들은 다 믿음을 따라 죽었으며 약속을 받지 못하였으되 그것들을 멀리서 보고 환영하며 또 땅에서는 외국인과 나그네임을 증언하였으니 그들이 이같이 말하는 것은 자기들이 본향 찾는 자임을 나타냄이라 그들이 나온 바 본향을 생각하였더라면 돌아갈 기회가 있었으려니와 그들이 이제는 더 나은 본향을 사모하니 곧 하늘에 있는 것이라 이러므로 하나님이 그들의 하나님이라 일컬음 받으심을 부끄러워하지 아니하시고 그들을 위하여 한 성을 예비하셨느니라"

하나님께 영광을!

고전10:31, "그런즉 너희는 먹든지 마시든지 무엇을 하든지 다 하나님의 영광을 위하여 하라"

사43:7, "내 이름으로 불러지는 모든 자 곧 내가 내 영광을 위하여 창조한 자를 오게 하라 그를 내가 지었고 그를 내가 만들었느니라"

계5:12,13 "죽임을 당하신 어린 양은 능력과 부와 지혜와 힘과 존귀와 영광과 찬송을 받으시기에 합당하도다 보좌에 앉으신 이와 어린 양에게 찬송과 존귀와 영광과 권능을 세세토록 돌릴지어다"

1년 12달, 365일, 태어나서 살아가는 모든 과정들…. 그리고 죽음의 순간까지 인간은 하나님께 영광 드리는 하루하루의 삶이어야 합니다. 소중한 시간과 돈, 에너지를 하나님 영광을 위해 잘 사용해야 합니다. 성령님과 동행하며, 하나님께 존귀히 쓰임 받고 살다가 천국에 가야 합니다. 주님의 큰 기쁨이요 영광이요 상급이 되는 삶이어야 합니다.

1. 인간의 제일 되는 목적은 무엇인가?

"인간의 제일 되는 목적은 하나님을 영화롭게 하며, 영원토록 그를 즐거워하는 것이다!"

참고문헌

『웨스트민스터 대요리문답』

『웨스트민스터 소요리문답』(1643-1647)

푯대를 향하여!

릭 워렌 목사님이 『목적이 이끄는 삶』이란 책에서 사람이 살아가는 이유, 존재하는 이유를 다섯 가지로 말씀합니다. 첫째, 하나님의 기쁨을 위해, 둘째, 하나님의 가족으로, 셋째, 예수님을 닮아 가도록, 넷째, 하나님을 섬기기 위해, 그리고 다섯째, 사명을 위해 존재한다고 말합니다. 분명한 목표와 목적이 있는 삶이어야 합니다. 미래지향적인 삶이어야 합니다.

바울도 말합니다.

빌3:13-14, "형제들아 나는 아직 내가 잡은 줄로 여기지 아니하고 오직 한 일 즉 뒤에 있는 것은 잊어버리고 앞에 있는 것을 잡으려고 푯대를 향하여 그리스도 예수 안에서 하나님이 위에서 부르신 부름의 상을 위하여 달려가노라"

예수 안에서 푯대인 천국을 바라보며 이 땅에서 영원한 가치를 추구하고 목적이 이끄는 삶을 살아야 합니다.

은혜입니다

"은혜"(손경민)라는 찬양을 들으면 가슴이 먹먹합니다.

지나온 모든 삶이 당연한 것이 아니라 은혜라고 고백합니다. 그냥 어린 시절부터 당연히 집에서 밥 먹고 잠자고 사는 것인 줄 알았습니다. 부모님의 눈물과 희생을 생각하지 못했습니다. 이 땅의 자유, 평화, 민주, 정의…. 그냥 당연한 줄 알았습니다. 수많은 청년들의 피 흘림을 깊이 생각하지 못했습니다. 햇빛과 공기, 물 그냥 당연한 것으로 생각했습니다. 무엇보다도 구원까지도 당연한 것으로 생각했습니다. 사랑하는 아들을 처절한 십자가의 고통과 죽음에 내어 준 하나님의 마음을 깊이 생각하지 못했습니다. 당연한 것이 아녔습니다. 아픔과 설움, 슬픔이었습니다. 한없는 눈물이었습니다. 통곡이었습니다. 계산할 수 없는 하나님의 선물이었습니다.

엡2:8, "너희는 그 은혜에 의하여 믿음으로 말미암아 구원을 받았으니 이것은 너희에게서 난 것이 아니요 하나님의 선물이라"

아빠, 사랑해!

2012년 10월 20일 주일입니다. 국제전화가 왔습니다.

동생이 울먹이며 아버지가 이제 숨을 거둔다고 합니다. 무슨 말을 해야 할지 몰랐습니다. "십자가를 바라보세요!" 그리고 생전 처음으로 떠듬떠듬 "아빠~, 사…랑…해…!"라고 말했습니다. 아버지와 마지막 인사입니다. 자라 오면서 아버지로부터 사랑한단 말을 들어보지 못했습니다. 저 또한 사랑한단 말하지도 못했습니다. 유교문화에 자라 오신 어르신들의 삶 때문입니다. 아버지는 무척이나 속으로 저를 사랑했습니다. 가난한 시절, 6남매의 생존과 교육을 위해 환경미화원, 막노동으로 참 힘겹게 살아오셨습니다. 때때로 오산리기도원에 갈 때면 크리스챤메모리얼파크를 방문합니다. 자동차 안에서 하염없이 혼자 눈물을 흘립니다. 세상에는 많이 배우고 훌륭한 분들이 많습니다. 그러나 나의 아버지처럼, 어머니처럼 고마운 분은 없습니다. 한국에 도착하여 어머니로부터 이야기를 들었습니다. 임종하시던 날, 잠깐 잠이 들었는데 천국에서 예수님께서 손을 펴시고 아버지를 부르셨다는 것입니다. 그리고 아버지를 생각하면 천사들과 함께 예배를 드리고 있는 모습이 떠오른다고 합니다. 천국과 지옥이 있습니다. 잠시 머물 이 세상에서의 삶이 참 서글플 때가 있습니다. 그럼에도 불구하고 십자가에 죽으시고 부활하신 예수님을 바라보며 천국을 소망하며 감사하며 사랑하며 아름답게 살아야 합니다.

천국에서 만나 보자!

"이 목사님, 예수님 열심히 전하고 천국에서 만나!"
여의도순복음교회를 섬기시는 이영훈 목사님의 어머니, 김선실 목사님의 병상에서의 마지막 인사입니다. 여의도에 머물 때 함께 식사하며 자녀들에게 인자하고 다정하게 대해 주셨던 시간들이 생각납니다. 중보 기도해 주셨던 순간들이 참 고맙습니다.
찬송 480장(통293)은 찬양합니다.
천국에서 만나 보자 그날 아침 거기서
순례자여 예비하라 늦어지지 않도록
만나 보자 만나 보자 저기 뵈는 저 천국 문에서
만나 보자 만나 보자 그날 아침 그 문에서 만나자

감사합니다

"우리는 늘 구원의 은혜에 감사해야 합니다. 또한 신앙생활에 있어서 세상과 타협하지 말고, 전심을 다해 하나님을 섬겨야 합니다. 모두가 그러한 삶을 살게 되시기를 주님의 이름으로 축원합니다. 아멘."
2020. 7. 19. 일. 조용기 목사님의 마지막 설교 중에

마지막 인사는 어떻게 해야 할까요?
"고맙습니다. 사랑합니다. 축복합니다. 행복하세요,
예수님 잘 믿으세요, 천국에서 만나요"
가장 큰 감사는 구원의 감사입니다.
하나님의 자녀, 천국백성이 된 것입니다.
그리고 부족하지만 함께 웃고 함께 울어 주었던 사람들입니다.

살전5:18, "범사에 감사하라"
시50:23, "감사로 제사를 드리는 자가 나를 영화롭게 하나니"

에필로그

왜 예수를 믿어야 합니까?

자기 자신과 가족, 친척, 이웃의 영혼구원을 위해서입니다. 죄 문제해결을 위해서입니다. 참된 삶을 위해서입니다. 십자가에 죽으시고 부활하신 예수를 믿는다는 것은 영원한 삶을 사는 것입니다. 이를 위해서 오직 성령이 임해야 합니다. 소중한 인생길입니다. 말씀과 성령과 함께 천국백성으로 새로운 거룩한 꿈과 비전의 삶, 아름답고 복된 삶이 되시길 소망합니다.

"주 예수를 믿으라 그리하면 너와 네 집이 구원을 받으리라" (행16:31)

아멘!

성령님과 함께, 오직예수

ⓒ 이경원, 2022

초판 1쇄 발행 2022년 9월 20일

지은이   이경원
펴낸이   이기봉
편집   좋은땅 편집팀
펴낸곳   도서출판 좋은땅
주소   서울특별시 마포구 양화로12길 26 지월드빌딩 (서교동 395-7)
전화   02)374-8616~7
팩스   02)374-8614
이메일   gworldbook@naver.com
홈페이지   www.g-world.co.kr

ISBN   979-11-388-1245-0 (03230)